Antigua China

500 datos interesantes sobre la historia
de la antigua China

Índice

Introducción

China tiene una larga y rica historia que se remonta miles de años atrás. Este libro explora el fascinante pasado de China a través de un viaje por algunos de **los acontecimientos más significativos de los primeros tiempos de la historia del país**, desde el 3500 a. C. hasta el 220 d. C., aproximadamente.

Se repasa cómo era la vida de **la cultura Longshan**, cómo la producción de seda cambió la vida de la gente y otros momentos clave, como **la guerra de los Caballos Celestiales** (104 a. C.).

También se profundiza en los importantes aportes de la cultura china a la filosofía, la literatura, el arte y la ciencia, como el **confucianismo**, el **taoísmo** y el **legalismo**. Además, se examinan las influyentes dinastías de la antigua China, como **la dinastía Qin.**

Por último, este libro examina cómo terminó la antigua China, con la caída de la dinastía Han en el 220 d. C. Al final de este viaje, comprenderá mejor la vida en la **antigua China**. Así que tome su pasaporte de lectura y acompáñenos a explorar algunos de los momentos más significativos de la **historia de China**.

Prehistoria de China
(aprox. 8500 a. C.-1600 a. C.)

Descubra **treinta datos interesantes** sobre la **China prehistórica**, desde las herramientas de bronce utilizadas como armas y con fines ceremoniales hasta las complejas redes comerciales entre distintas civilizaciones. También aprenderá **cómo utilizaban la naturaleza para sobrevivir a las duras condiciones.**

1. **El Paleolítico fue el periodo más antiguo de la China prehistórica.** En la década de 1920 **se encontraron cerca de Pekín** cuarenta esqueletos de **homínidos primitivos** (*Homo erectus*). Se cree que vivieron hace **al menos 200.000 años.**

2. **Las evidencias arqueológicas sugieren que en esta época algunas personas comenzaron a cultivar** y domesticar animales como cerdos y perros como fuentes de alimento.

3. **Los primeros artefactos de bronce conocidos en China corresponden a la cultura** *Erlitou*, que se cree que fue la predecesora de la dinastía Xia. **La cultura** *Erlitou* **floreció en el valle del río Amarillo** entre 2100 y 1800 a. C. aproximadamente.

4. **Se cree que la dinastía Xia fue fundada por Yu el Grande,** una figura legendaria a la que se atribuye el control del río Amarillo y la unificación del pueblo chino.

5. **Se dice que Yu era descendiente de los tres soberanos y los cinco emperadores,** los gobernantes míticos de la antigua China.

6. **La dinastía Xia se considera la primera dinastía de China,** pero su existencia sigue siendo debatida por los historiadores.

7. **Las pruebas más antiguas de la dinastía Xia se remontan al año 2070 a. C.,** pero algunos creen que pudo comenzar alrededor de doscientos años antes.

8. **La dinastía Xia llegó a su fin alrededor del 1600 a. C.** Se desconoce la fecha exacta, pero se cree que fue derrocada por miembros de lo que se convirtió en la dinastía Shang.

9. Se cree que **la Xia** fue un ejemplo temprano y rudimentario de un estado centralizado, con un rey y una burocracia de funcionarios.

10. **Se dice que la antigua civilización china se originó en el valle del río Amarillo**, una de las cunas más antiguas de la cultura humana.

11. **Los** *Jiahu gudi* **(flautas), unos de los primeros instrumentos musicales**, datan de hace casi once mil años, del Neolítico. Se fabricaban con huesos de aves.

12. **Se cree que la producción de seda comenzó alrededor del año 3500 a. C.,** pero no se desarrolló plenamente hasta mucho más tarde, durante la dinastía Han.

13. Aunque **se han encontrado algunos artefactos de bronce anteriores a la dinastía Xia**, se cree que los chinos desarrollaron la fundición de bronce a gran escala durante este periodo. Utilizaban el bronce para fabricar herramientas, armas y ornamentos.

14. **El uso del bronce contribuyó a consolidar el poder de la dinastía Xia.** Las armas de bronce les dieron una ventaja sobre sus enemigos y las herramientas de bronce les ayudaron a mejorar la productividad agrícola.

15. **El bronce también se convirtió en un símbolo de riqueza y estatus** y ayudó a promover la estratificación social en China.

16. Aunque fue escrito muchos años más tarde (475-221 a. C.), **el** *Huangdi Neijing*, **o** *Clásico de medicina interna del emperador amarillo*, **menciona la dinastía Xia** y afirma que practicaban diversas técnicas médicas, como la acupuntura, el masaje y la fitoterapia.

17. **En las actuales provincias de Shaanxi, Hebei y Shandong se encontraron yacimientos que se cree que están relacionados con la dinastía Xia**, lo que indica que la dinastía tuvo una amplia influencia en estos territorios, si no un dominio directo.

18. **Se desarrollaron sistemas de irrigación** para mejorar la producción de cultivos.

19. **Los chinos inventaron el arado en el siglo VI a. C., aproximadamente**. Al principio, los arados eran de madera, pero más tarde se hicieron de metal.

20. **Las religiones prehistóricas se centraban en el culto a los antepasados,** incluyendo dioses asociados a elementos naturales, como montañas o ríos.

21. **Los historiadores Han creían que la zona de influencia de los Xia tenía una población de más de diez millones de personas en 1600 a. C.**

22. Gracias a sus avanzadas técnicas de fundición de metales, **los antiguos chinos construyeron armas** como espadas, lanzas y hachas de batalla para defenderse de sus enemigos.

23. **La arquitectura de la antigua China era bastante innovadora**, con casas construidas sobre palafitos, lo que aumentaba la seguridad y permitía un mejor drenaje en zonas inundadas.

24. **El calendario tradicional chino fue revisado y desarrollado continuamente** a lo largo de los siglos. Según la leyenda, **fue creado por el emperador Huangdi** en 2637 a. C. El calendario seguía el ciclo solar y el lunar, con veinticuatro divisiones estacionales llamadas *jieqi*, que formaban un año.

25. **La China prehistórica tuvo muchos logros arquitectónicos**, incluyendo palacios y tumbas construidas con bloques de piedra o ladrillos de barro; algunos incluso sobreviven hoy en día.

26. **Las rutas comerciales que unían a las civilizaciones antiguas comenzaron durante la prehistoria** para acceder a bienes como metales, seda y especias de tierras lejanas.

27. **Durante este periodo se creó una primera forma de dinero** (conchas de cauri) para facilitar el intercambio de bienes, servicios y mano de obra. La primera forma estandarizada de dinero se atribuye a la dinastía Qin (221-206 a. C.).

28. **El mito de la creación más popular, que se cree que data de la dinastía Xia, es la historia de** Pangu. Pangu era un gigante nacido del caos primordial. Creció más y más hasta alcanzar los cielos. A medida que crecía, empujaba el cielo hacia arriba y la tierra hacia abajo. Finalmente, Pangu murió y su cuerpo se convirtió en las montañas, los ríos y las estrellas.

29. **La China prehistórica fue el hogar de muchas grandes formas de arte**, como la talla de jade y la fabricación de cerámica, que se originaron en este período.

30. **Los antiguos chinos utilizaban técnicas adivinatorias como el lanzamiento de tallos de milenrama o caparazones de tortuga para adivinar el futuro.** Creían que estos métodos revelaban acontecimientos futuros y concedían suerte.

La cultura Longshan
(aprox. 3000-2000 a. C.)

En este capítulo se explora la fascinante historia de la cultura Longshan o de la **cerámica negra,** que se extendió entre los años 3000 y 2000 a. C. aproximadamente. A continuación, un vistazo a **treinta hechos interesantes** sobre esta cultura y el arte que se desarrolló durante este período.

31. **La cultura Longshan también es conocida como la cultura de la cerámica negra** por las diversas vasijas que fabricaron en los primeros tornos de alfarería de la historia.

32. **La cerámica de Longshan es menos conocida por sus diseños** y más por su uso cotidiano. Los diseños más elaborados y famosos, que utilizaban jade, llegaron en periodos posteriores.

33. **La cultura Longshan recibe su nombre del territorio donde se encontraron por primera vez estos artefactos,** cerca de la desembocadura del río Amarillo, en la actual provincia de Shandong.

34. **Las casas del pueblo Longshan estaban hechas principalmente de madera y pieles de animales.**

35. **Es posible que el pueblo de Longshan siguiera una religión basada en el culto a los antepasados.**

36. **Hacían estatuillas o figuras de sus antepasados** para honrarlos y mantener alejados a los malos espíritus.

37. **Durante este período, se incrementó el comercio entre los pueblos.** Intercambiaban bienes como la sal.

38. **Es probable que la música desempeñara un papel importante en esta cultura.** Se utilizaba en ceremonias religiosas y ayudaba a contar historias.

39. **La cerámica a menudo estaba decorada con motivos** e imágenes de animales, personas y deidades.

40. **El cultivo más importante era la moha.**

41. **Hay pruebas de que en la cultura Longshan también se cultivaba arroz, trigo y mijo.**

42. **La cultura Longshan era una cultura del Neolítico tardío** y utilizaba herramientas y armas de piedra.

43. **Es probable que la cultura Longshan tuviera una jerarquía social basada en la riqueza.** Quienes más posesiones o tierras tenían eran considerados de mayor estatus que los demás.

44. Existen pruebas, en forma de pequeñas figuras, de que **las mujeres ocupaban puestos importantes dentro de la sociedad.**

45. **Es probable que su principal forma de gobierno fuera una oligarquía,** en la que el poder estaba en manos de hábiles artesanos, líderes religiosos y/o combatientes poderosos.

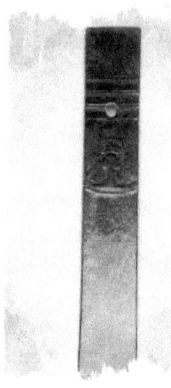

46. Durante este período, **hubo un aumento de la población debido a los avances tecnológicos** que permitieron crear mejores herramientas y métodos de producción de alimentos, lo que llevó a una mayor eficiencia y a un excedente de alimentos disponibles.

47. **Los símbolos *Jiahu* (un sistema de pictogramas) de la cultura Longshan podrían haberse utilizado para contar o llevar registros.** El uso de símbolos *Jiahu* sugiere que la cultura Longshan tenía algún conocimiento de las matemáticas.

48. Dada la ubicación de **la cultura Longshan**, es probable que la pesca y la caza fueran fuente primaria de alimento.

49. **Es probable que los Longshan creyeran en los espíritus de la montaña, el río, el viento y otros espíritus de la naturaleza.**

50. **Construían asentamientos amurallados para protegerse de sus enemigos.** Los muros estaban hechos de ladrillos de barro de diferentes grosores. También utilizaban palos de madera afilados y tierra compactada.

51. **Animales como cerdos, vacas, gallinas y cabras, eran criados como fuente de alimento,** pero quizás también se utilizaban en ceremonias religiosas.

52. Es probable que los habitantes de Longshan adoraran fuerzas naturales como el viento y la lluvia. Creían que estos elementos traían buena suerte y prosperidad a sus vidas si eran respetadas.

53. Los arqueólogos descubrieron la cultura Longshan en la década de 1920.

54. Nadie sabe por qué, pero los cráneos de la época de Longshan indican que al menos algunos de sus habitantes eran sometidos a «ataduras de cabeza» cuando eran niños, lo que producía cráneos alargados o aplanados. Esto probablemente tenía un significado cultural o religioso. La práctica de atar la cabeza es conocida en otras culturas, especialmente entre las tribus indígenas de América Central y del Sur.

55. Otras culturas neolíticas más pequeñas existían en China en esa época (a finales de la Edad de Piedra) y probablemente eran similares a la cultura Longshan en muchos aspectos.

56. Se han encontrado entierros con un gran número de ajuares funerarios, lo que sugiere que podrían haber creído en una vida después de la muerte.

57. Se conservan muchos artefactos de este periodo, como herramientas de hueso y piedra, vasijas decoradas con motivos geométricos, figuras que representan a dioses o antepasados e instrumentos musicales como tambores y flautas.

58. Aunque la cultura Longshan recibió su nombre de la región cercana a la desembocadura del río Amarillo, el pueblo Longshan vivía río arriba a lo largo de muchos kilómetros.

59. Los Longshan podrían haber comenzado a utilizar el bronce hacia el final de su historia, aunque son considerados una cultura neolítica.

60. Construyeron tumbas grandes y pequeñas para sus muertos. En ellas, ponían objetos que eran símbolos de riqueza o estatus.

La seda china
(aprox. 3000-2000 a. C.)

Esta sección explora **la fascinante y temprana historia de la seda china**. Se presentan treinta datos interesantes sobre su producción y uso y las redes comerciales que se desarrollaron durante este periodo.

61. La seda china se fabricó por primera vez hace más de cuatro mil años en China.

62. Se cree que una legendaria gobernante llamada Xi Ling Shi enseñó a su pueblo a confeccionar y utilizar telas de seda para vestirse, pero el desarrollo de la seda fue un largo proceso que se transmitió y desarrolló a lo largo de generaciones.

63. Durante este periodo, existían normas estrictas sobre quién podía vestir determinados colores o tipos de tejidos. Aunque el púrpura y el amarillo eran los colores de la nobleza y los altos rangos, los colores no estaban limitados a una sola clase.

64. El tejido de seda era tan valioso que a menudo se utilizaba como moneda para comprar bienes y servicios de otros países de Asia de la época. Más adelante en la historia, los chinos incluso la utilizaban para pagar sus impuestos.

65. En la antigua China, el proceso de fabricación del tejido de seda consistía en criar orugas en hojas de morera y cosechar los capullos. De ellos hilaban hilos con herramientas y luego tejían telas utilizando técnicas manuales.

66. Los antiguos egipcios podrían haber obtenido la seda china a través de las rutas comerciales del Mediterráneo. Por ahora no existen pruebas firmes que lo corroboren.

67. Fabricar tejidos de seda era tan importante para la economía china que fue un secreto muy bien guardado durante siglos.

68. Para mantener en secreto sus conocimientos sobre la fabricación de seda, China estableció puestos comerciales a lo largo de la Ruta de la seda (una red de rutas comerciales entre Europa y Asia) donde los comerciantes podían comprar y vender mercancías sin entrar nunca a China.

69. Alrededor del año 200 de nuestra era, los chinos habían desarrollado dos métodos diferentes para fabricar sedas de colores: uno era llamado *sou*, que utilizaba tintes naturales de plantas o animales; y otro era el teñido químico, que inventaron ellos mismos.

70. El color rojo simbolizaba la buena suerte en la antigua China, por lo que la gente solía llevar ropa de seda roja en ocasiones especiales como bodas o festivales.

71. Se necesitan unos tres mil gusanos de seda para producir una libra de seda cruda.

72. Hacia el año 300 de nuestra era, **los chinos fabricaban sedas con hermosos dibujos** entretejiendo hilos de diferentes colores en un proceso llamado «brocado».

73. Hasta hace poco, **solo las personas muy ricas podían permitirse comprar telas con estos intrincados diseños y estampados.** ¡Eran señal de que alguien tenía mucho dinero!

74. Con el tiempo, **las técnicas de fabricación de la seda se extendieron a otras tierras, incluido el Imperio romano de Oriente.** Se han encontrado prendas de seda o rastros de ellas en tumbas altomedievales en lugares tan al norte como Suecia.

75. La prenda tejida más antigua que se conoce en China data de hace más de 4.500 años. Estaba hecha de cáñamo tejido a mano, pero muestra evidencias de haber sido cortada en pedazos como las prendas de vestir modernas.

76. La seda y las prendas de seda eran artículos de lujo en la antigua Roma, y se abrieron camino desde China hasta Europa a través de la famosa Ruta de la seda, que atravesaba Asia central y conducía a Medio Oriente y Europa.

77. Existen dos tipos de seda: «salvaje» y «cultivada». La primera se elabora a partir de capullos silvestres que se encuentran en la naturaleza, mientras que la segunda la fabrican personas que crían orugas para producir capullos domésticos.

78. **En la antigua China, un tipo de seda llamada *tussah*, fabricada a partir de gusanos de seda silvestres,** se utilizaba en ocasiones especiales, como bodas o funerales. Normalmente se teñía de un amarillo brillante, que simbolizaba la alegría y la buena suerte, con tintes elaborados a partir de insectos, minerales y plantas.

79. **Los tejidos de seda se han utilizado como decoración en toda Asia.**

80. **Durante la dinastía Tang (618-907 d. C.), las mujeres usaban tocados** muy elaborados que tenían adornos hechos de metales preciosos, como el oro y la plata, junto con finas telas de seda.

81. **La cultura china siempre ha tenido una gran tradición de uso de la seda para vestir y decorar.** Incluso hoy en día, hay festivales tradicionales en los que se visten trajes de colores brillantes hechos de lujosas sedas.

82. **En la antigua China, se creía que vestir tejidos de seda traía buena suerte y alejaba a los malos espíritus.**

83. **En algunas zonas de China, se fabricaban tipos especiales de papel llamados «papel de arroz»** con una mezcla de fibras de corteza de morera e hilos de seda, sobre los que se podía escribir o pintar con tinta.

84. **Durante la dinastía Han (206 a. C.- 220 d. C.), la seda se utilizaba para hacer moldes de personas fallecidas.** Se conocían como **«trajes funerarios de seda».** Estas elaboradas prendas funerarias estaban hechas completamente de seda y tenían como objetivo preservar y honrar al difunto de una manera elaborada y prestigiosa.

85. **La prenda de seda más antigua encontrada en China data del año 3630 a. C.** Se utilizó para envolver el cuerpo de un niño fallecido.

86. Los bordados chinos más antiguos que se conservan datan de la dinastía Han. En los bordados chinos, se representaban a menudo motivos geométricos, criaturas míticas, animales y flores.

87. Durante siglos, los emperadores y la realeza china utilizaron tejidos de seda para mostrar su riqueza y estatus. Incluso tenían un tipo especial de prenda llamada túnica del dragón, que se confeccionaba con hilo de oro sobre seda roja.

88. Durante la dinastía Han, se desarrolló un nuevo tipo de moda de la seda llamada *changpao*, que tenía intrincados dibujos tejidos en ella. **El *changpao* es un vestido o túnica larga tradicional.**

89. Los tejidos de seda chinos también se utilizaban en pintura y caligrafía. Durante **la dinastía Song** (960-1279 d. C.), los artistas utilizaban hojas de papel de corteza de morera y pintaban escenas en ellas utilizando tintes hechos de insectos triturados, minerales y piedras preciosas.

90. Además de la ropa, **otros objetos, como ropa de cama, cortinas, manteles o incluso muebles, se decoraban con seda de colores.** Las familias adineradas solían colgar grandes piezas de seda en sus paredes como decoración.

La dinastía Xia
(aprox. 2100-1600 a. C.)

En este capítulo se explora **la dinastía Xia, que se cree que fue la primera dinastía china.** Se presentan veinte datos interesantes sobre sus orígenes y su cultura. Prepárese para un viaje a la **antigua China**; es hora de descubrir algunos de los fascinantes secretos que yacen ocultos en la actualidad.

91. **Algunos creen que la dinastía Xia fue la primera dinastía china y que duró aproximadamente desde el año 2100 hasta el 1600 a. C**. No hay pruebas históricas firmes de que esta dinastía existiera.

92. **La leyenda cuenta que la dinastía Xia, que solo habría gobernado una pequeña parte de China, fue fundada por Yu el Grande o Yu el ingeniero**, conocido por sus esfuerzos para controlar las inundaciones del río Amarillo y construir nuevos proyectos de irrigación.

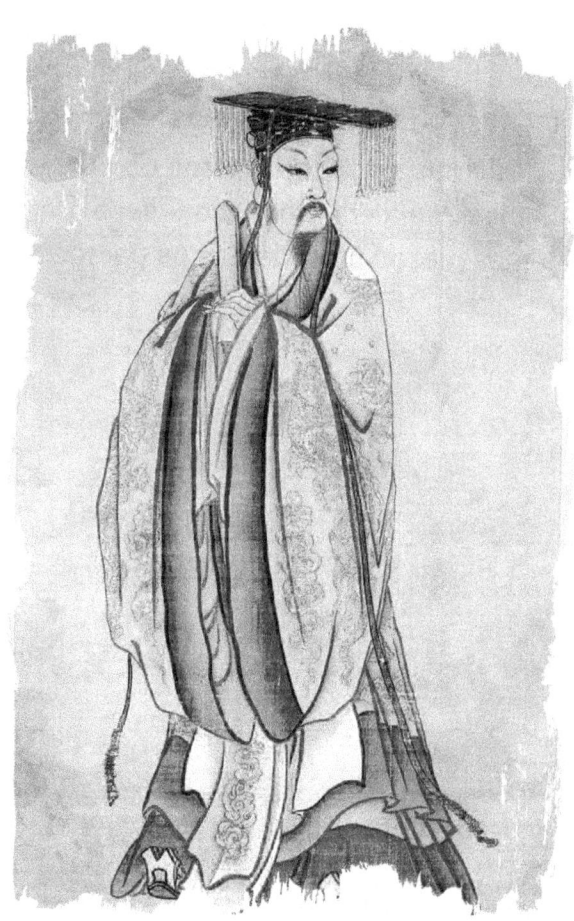

93. Independientemente de si esta dinastía existió o no, **los historiadores saben que en este periodo la agricultura floreció en China.** También se produjeron avances en la tecnología, como los sistemas de riego para la agricultura y las herramientas de bronce.

94. **La dinastía Xia probablemente tenía un gobierno central fuerte con leyes** que le permitían ser más organizada y eficiente que los gobernantes locales anteriores.

95. **Aunque la dinastía Xia sigue siendo objeto de investigación y podría no haber existido nunca, su emperador más famoso fue Yu el Grande,** de quien se dice que fue el mayor ingeniero y adivino de aguas de la historia de China. Un adivino de aguas es alguien que localiza manantiales subterráneos.

96. **A Yu el Grande se le atribuye la doma del río Amarillo** y la prevención de las inundaciones que habían asolado China durante siglos.

97. **Las armas utilizadas durante la dinastía Xia probablemente incluían espadas de bronce para las batallas o para usos ceremoniales** en ocasiones especiales, como bodas o funerales. Estos objetos habrían sido enterrados junto a sus dueños para que siguieran protegiéndolos en la otra vida.

98. **Los relatos sobre la dinastía Xia proceden principalmente de antiguos textos chinos, como los *Anales de bambú*** y los *Registros del gran historiador de Sima Qian*, que fueron escritos mucho después.

99. **Se cree que los Xia tenían su capital en Erlitou, situada cerca del actual condado de Yanshi**, en la provincia de Henan. Erlitou es uno de los yacimientos arqueológicos más antiguos de China y ha proporcionado a los arqueólogos una gran cantidad de información sobre la vida en la antigua China.

100. **Se cree que la dinastía Xia estaba dividida en cuatro clases**: el gobernante y su familia, la nobleza, los funcionarios y todos los demás.

101. **Los huesos de oráculo (huesos de animales utilizados para la adivinación) habrían sido utilizados por los gobernantes** para entender mejor lo que les deparaba el futuro dependiendo de las respuestas que recibían de ellos.

102. **Los edificios de Xia, en particular los relacionados con la élite gobernante, se caracterizaban por ser grandes estructuras de tipo palaciego**. Estas estructuras solían tener varias habitaciones y contaban con plataformas elevadas, pilares y decoraciones.

103. **Se cree que muchos edificios de Xia se construyeron utilizando técnicas de tierra apisonada.** Compactaban capas de tierra o arcilla dentro de un armazón de madera para crear muros sólidos. La construcción con tierra apisonada era duradera y proporcionaba un buen aislamiento contra las condiciones climáticas extremas, por lo que era un método de construcción popular durante esa época.

104. **Se sabe que existían costumbres y tradiciones matrimoniales durante la dinastía Xia,** pero como muchas otras cosas sobre ellos, nuestro conocimiento es todavía limitado.

105. **Es probable que fuera común que los hombres tuvieran varias esposas,** algo que antes estaba mal visto, pero que se puso de moda durante dinastías posteriores.

106. **Según los relatos tradicionales, la dinastía Xia gobernó una zona conocida como Huaxia,** que incluía regiones del actual norte de China. Sin embargo, los límites y la extensión de este territorio no se conocen con claridad.

107. **La religión habría desempeñado un papel importante a lo largo de la dinastía,** siendo el culto a los antepasados una práctica importante entre la mayoría de las familias.

108. **Las técnicas agrícolas mejoraron a lo largo de la dinastía,** lo que permitió a los agricultores encontrar formas más eficientes de producir alimentos para sus familias y aldeas.

109. Algunas **leyendas y mitos chinos importantes proceden de la dinastía Xia**. Una de ellas es **la leyenda de Shennong, el granjero divino,** a quien se atribuye el descubrimiento y la domesticación de plantas y animales.

110. **Otra leyenda se refiere a Fuxi y Nüwa,** a quienes se atribuye la creación de los humanos y las enseñanzas de la civilización.

La dinastía Shang
(1600-1050 a. C.)

En este capítulo se explora **la fascinante historia de la dinastía Shang**, considerada la **primera dinastía de China desde el punto de vista de la historia escrita**. Se presentan treinta datos interesantes sobre su cultura, gobierno y religión. Averigüe más sobre las clases sociales, las divisiones políticas y las ceremonias religiosas que practicaban quienes vivían bajo el dominio Shang.

111. **La dinastía Shang fue la primera dinastía china registrada en la historia escrita.**

112. **La dinastía Shang duró de 1600 a 1050 a. C.,** ¡lo que significa que gobernaron durante 550 años!

113. **Durante este tiempo, la capital del imperio se encontraba en Shang** (la actual Anyang, en la provincia de Henan).

114. **El rey Wu Ding fue el gobernante más famoso de la dinastía Shang.** Es el gobernante chino más antiguo que puede ser rastreado por pruebas arqueológicas.

115. **Los Shang desarrollaron un sistema de escritura llamado escritura de hueso de oráculo,** que utilizaba símbolos para representar ideas e interacciones sociales como propuestas de matrimonio o decretos reales.

116. **Los artefactos hechos de bronce fueron muy populares durante este período.**

117. **El jade, el oro, la plata y el marfil eran materiales muy codiciados que se utilizaban para crear objetos ornamentados,** como vasijas rituales que representaban a antepasados y divinidades.

118. **La dinastía Shang desarrolló un complejo sistema de clases sociales y divisiones políticas,** con un emperador a la cabeza del reino que era apoyado por poderosos aristócratas que estaban por debajo de él.

119. **Al rey Cheng Tang (1675 - 1626 a. C.) se le atribuyen los éxitos militares de la dinastía,** que contribuyeron a expandir el imperio y a crear estabilidad.

120. **Se creía que los reyes tenían contacto directo con dioses y diosas,** de los que recibían orientación sobre asuntos pertinentes para el gobierno o los proyectos de obras civiles.

121. **Monumentos como altares y tumbas se construían bajo tierra y en la superficie para honrar a los antepasados.**

122. **El sacrificio de animales se practicaba como parte de las ceremonias religiosas** celebradas por las clases sociales más altas.

123. **Se cree que los caracteres chinos utilizados en la actualidad derivan de los símbolos de la escritura de huesos de oráculo** utilizada en esta época.

124. Unos hombres en particular, conocidos como **escritores de huesos de oráculo,** eran quienes **poseían el secreto de la adivinación a través del lanzamiento de huesos.**

125. **Los adivinos utilizaban huesos de animales o conchas para determinar acontecimientos futuros** examinando los patrones que se formaban cuando estos elementos se calentaban sobre el fuego.

126. **La dinastía Shang es conocida por sus avances en astronomía, matemáticas y tecnología militar,** como los carros y las armas de bronce.

127. **A las mujeres no se les permitía participar en política, pero podían asumir funciones religiosas.**

128. **Los Shang contaban con un desarrollado sistema de tributación** y repartición de tierras para apoyar las operaciones del gobierno.

129. **Los artesanos especializados en orfebrería, talla de jade y alfarería** prosperaron durante este periodo debido a la creciente demanda de las familias adineradas que buscaban objetos ornamentados para rendir tributo a sus antepasados y dioses.

130. **La música desempeñaba un papel importante, tanto en las ceremonias como en las actividades recreativas.** Instrumentos como tambores, campanas y flautas eran muy utilizados.

131. **Se desarrollaron barcos de pesca equipados con redes** para que las comunidades que vivían cerca de las ciudades ribereñas pudieran adquirir alimentos de forma más eficiente y regular.

132. **La dinastía Shang es recordada por sus avances en agricultura e irrigación**, que permitieron cultivar y cosechar durante todo el año.

133. **Las leyes de la dinastía Shang establecían los deberes de las personas y las sanciones penales.**

134. **El divorcio estaba permitido bajo ciertas condiciones**, como, por ejemplo, si la esposa cometía adulterio o la familia del marido no la aprobaba.

135. **El comercio floreció entre diferentes regiones a lo largo de lo que se convertiría en la Ruta de la seda, que conectaba China con Asia central y las culturas mediterráneas.**

136. **Los Shang desarrollaron jerarquías de funcionarios que dirigían las operaciones gubernamentales** en nombre del emperador. Estos incluían ministros, generales y jueces, entre otros.

137. **Los poemas escritos sobre reyes y reinas de este periodo son algunos de los primeros ejemplos que se conservan de la literatura china.** Aunque en español no se lee como poesía, uno de los poemas que se conservan dice: «El rey reza a los dioses para que llueva. Los dioses han respondido a sus plegarias».

138. **En esta época se desarrollaron complejas costumbres sociales, como el uso de togas formales** en los actos oficiales de la corte o el empleo de términos específicos y títulos honoríficos para dirigirse a los miembros de la realeza.

139. **Se formaron alianzas matrimoniales entre familias** poderosas para fortalecer los lazos políticos.

140. **Los Shang creían en una vida después de la muerte** en la que quienes vivían bien eran recompensados con la felicidad perpetua, mientras que quienes actuaban mal eran castigados después de la muerte.

Relaciones exteriores de las dinastías Shang y Zhou

Durante las dinastías Shang y Zhou en China, que abarcan desde el siglo XVI hasta el III a. C., la civilización floreció y desarrolló complejas relaciones con las culturas vecinas. Estas relaciones no solo configuraron el panorama político de la época, sino que también influyeron en aspectos culturales, económicos y sociales, tanto en China como en sus regiones vecinas.

141. **Las interacciones entre los chinos y sus estados vecinos** estuvieron marcadas por alianzas diplomáticas, intercambios comerciales, difusión cultural y conflictos ocasionales.

142. **Durante el final de la dinastía Shang, los chinos tuvieron contacto con las culturas vecinas** de las tribus **Xirong** y **Beidi**.

143. **La dinastía Shang mantuvo relaciones diplomáticas con los reinos coreanos de Gojoseon y Buyeo,** realizando intercambios comerciales y de ideas.

144. **La dinastía Shang mantuvo importantes interacciones con las antiguas tribus nómadas esteparias,** como los *donghu* y los *xiongnu*, en la actual **Mongolia** y el **norte de China**.

145. **La dinastía Shang estableció lazos diplomáticos con las antiguas ciudades-estado de la India,** lo que dio lugar a intercambios comerciales y culturales.

146. **La dinastía Shang tuvo contacto con la antigua civilización persa,** como lo demuestra la presencia de artefactos persas descubiertos en yacimientos Shang.

147. **La dinastía Zhou inició relaciones diplomáticas con el estado de Yan,** situado en el actual noreste de China, estableciendo una alianza pacífica.

148. **El rey Wu de Zhou, fundador de la dinastía Zhou, estableció alianzas con estados vecinos, como Shu y Ba,** ambos situados en la actual Sichuan.

149. **La dinastía Zhou expandió su influencia incorporando a tribus cercanas,** como los **Qiang y los Di,** a su sistema político.

150. **La dinastía Zhou estableció relaciones diplomáticas con el estado de Jin,** situado en la actual Shanxi, formando una alianza conocida como los "Tres Jin".

151. **La dinastía Zhou tuvo interacciones con el antiguo estado de Qi,** situado en la actual Shandong, lo que dio lugar a intercambios culturales y alianzas políticas.

152. **La dinastía Zhou comerciaba con las tribus nómadas de las estepas euroasiáticas,** intercambiando bienes como seda, caballos y jade.

153. **Los Zhou mantuvieron contacto con el antiguo estado de Wu,** situado en la actual provincia de Jiangsu, lo que dio lugar a intercambios culturales y comerciales.

154. **La dinastía Zhou estableció relaciones diplomáticas con el estado de Yue,** situado en la actual Zhejiang, formando una alianza contra enemigos comunes.

155. **La dinastía Zhou mantuvo relaciones diplomáticas con el estado de Wei,** situado en la actual Henan, estableciendo una alianza estratégica para la defensa mutua.

156. **Los Zhou mantenían intercambios culturales y políticos con el estado de Lu,** situado en la actual Shandong. Lu era conocido por sus influyentes filósofos.

157. **Los Zhou también interactuaron con el antiguo estado de Qin,** situado en la actual Shaanxi, que más tarde se convirtió en una potencia dominante de China.

158. **La dinastía Zhou mantuvo relaciones comerciales con el antiguo estado de Chu,** intercambiando bienes como seda, cobre y sal.

159. **También mantuvieron lazos diplomáticos con el antiguo estado de Yan,** situado en la actual Hebei, lo que dio lugar a intercambios culturales y políticos.

160. Como se ve, **en esta época China no era un país unificado,** pero sus múltiples partes empezaban a establecer contacto entre sí.

El I Ching
(aprox. 1050-200 a. C.)

En esta sección se explora el antiguo texto chino conocido como *I Ching*. Se presentan algunos datos fascinantes sobre este libro y sus consejos sobre relaciones, problemas de salud y elecciones profesionales.

161. **El** *I Ching* **es un antiguo texto chino,** pero nadie sabe con certeza cuándo empezó a escribirse. Diferentes personas han ido añadiendo cosas a lo largo de los siglos.

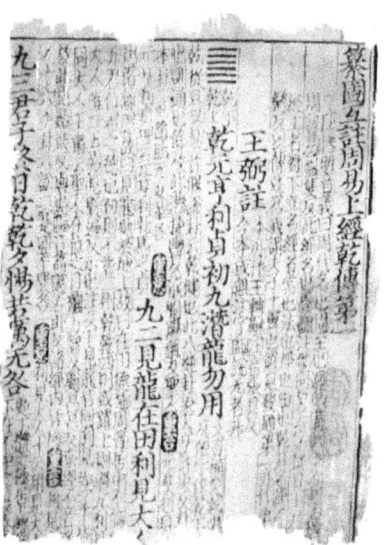

162. **También se conoce como el** *Libro de los cambios* porque contiene información sobre patrones de líneas que representan la energía, la vida y los cambios.

163. **Cada hexagrama consiste en dos conjuntos de tres líneas, sólidas o rotas, que pueden combinarse de muchas formas para un total de sesenta y cuatro posibilidades** de cómo las cosas cambian con el tiempo.

164. **El** *I Ching* **fue utilizado durante miles de años por personas** que buscaban orientación sobre asuntos importantes como las relaciones, los problemas de salud y las elecciones profesionales.

165. **El** *I Ching* **se divide en sesenta y cuatro capítulos. Cada «capítulo» es un hexagrama**, un carácter que contiene seis líneas. La adivinación y la sabiduría se encuentran en la forma en que aparece un hexagrama, es «arrojado» o «dispuesto».

166. **Las personas utilizan el** *I Ching* **para comprenderse mejor a sí mismas y su lugar en la sociedad,** ya que se basan en él para tomar decisiones que marcan su futuro.

167. **Según la leyenda, el rey Wen de Zhou fue encarcelado por la dinastía Shang debido** a sus actividades políticas. Durante su cautiverio, estudió el *I Ching* y lo utilizó como herramienta de introspección y orientación.

168. **El rey Wen era el padre del rey Wu, que dirigió la dinastía Zhou para derrocar a la dinastía Shang.** Antes de lanzar su campaña contra la dinastía Shang, el rey Wu consultó el *I Ching* buscando orientación divina sobre el éxito de su empresa. El *I Ching* le dio una respuesta favorable, indicando que era el momento adecuado para un cambio y que la dinastía Zhou saldría victoriosa.

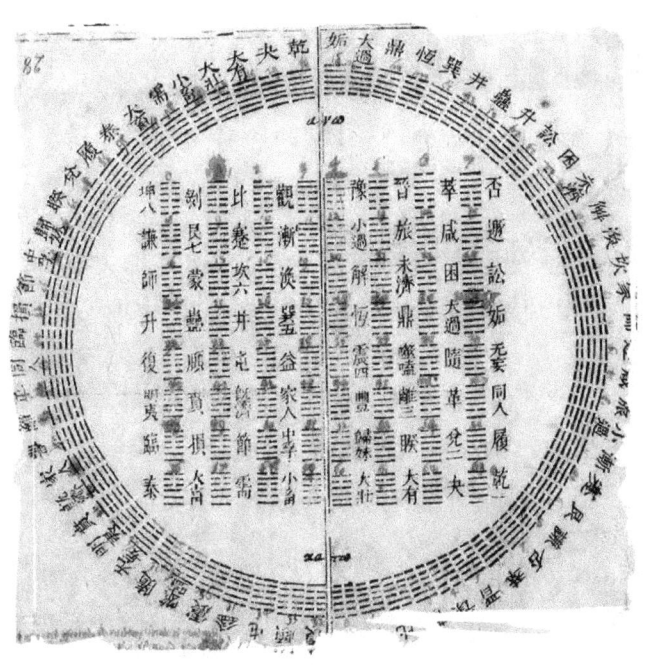

169. El *feng shui*, la práctica china de disponer objetos y edificios para la buena suerte y el flujo de energía, o *qi*, también se remonta a esta época.

170. Hay ocho líneas elementales representadas en el *I Ching*: tierra, cielo, fuego, agua, montañas, trueno, viento y lago, cada una de las cuales se asocia con un rasgo particular como la flexibilidad, por ejemplo.

171. Las líneas continuas representan la energía masculina y atributos como la fuerza, mientras que las líneas punteadas representan la energía yin, o femenina, y atributos como la receptividad.

172. Muchas personas utilizaban monedas con marcas especiales para consultar el *I Ching* y determinar en qué hexagrama debían buscar consejos relacionados con su situación o pregunta.

173. La gente suele interpretar los mensajes del *I Ching* como instrucciones simbólicas, más que literales, por lo que es importante considerar diferentes interpretaciones antes de tomar cualquier decisión basada en lo que sugiere.

174. Cada hexagrama tiene un significado único, normalmente relacionado con el cambio y la mejor manera de afrontar ese cambio en la vida de quien consulta.

175. Los eruditos han estudiado el *I Ching* durante siglos, usando sus antiguos símbolos para comprender mejor la cultura china.

176. El *I Ching* se ha vuelto popular entre los occidentales, que están interesados en sus ideas espirituales, que se pueden aplicar universalmente.

177. Ha habido muchas traducciones del *I Ching* a lo largo del tiempo, incluidas las de Japón y Vietnam, que se centran menos en la adivinación que las versiones chinas.

178. El *I Ching* ocupa un lugar especial dentro de la cultura tradicional china.

179. En los tiempos modernos, el *I Ching* se ha hecho popular entre los practicantes del taoísmo y otras prácticas espirituales orientales.

180. Se dice que este libro influyó a muchos personajes famosos, como el psicólogo Carl Jung, el filósofo Ludwig Wittgenstein y el artista marcial y actor Bruce Lee, quien se inspiró en él durante su entrenamiento en artes marciales.

La dinastía Zhou
(aprox. 1050-256 a. C.)

Este capítulo explora la fascinante historia de la dinastía Zhou. Se presentan treinta datos interesantes sobre este período, incluyendo hechos sobre el arte, la cultura y los inventos que cambiaron la vida en esta época.

181. **La dinastía Zhou gobernó China desde el año 1050 hasta el 256 a. C.,** aproximadamente. Fue la dinastía más larga de la historia china.

182. **La dinastía se divide en dos partes: Zhou Occidental** (1050-771 a. C.) **y Zhou Oriental** (770-256 a. C.).

183. **Confucio, gran filósofo, maestro, pensador político y fundador del confucianismo,** vivió y trabajó en China alrededor del año 500 a. C.

184. **Durante el gobierno Zhou, se desarrollaron nuevas armas como las ballestas,** que ayudaron a expandir más que nunca en la historia el territorio Zhou.

185. **La dinastía Zhou instauró un temprano sistema de feudalismo.** El feudalismo es un sistema político y económico en el que un gobernante concede tierras a sus vasallos a cambio de su lealtad y servicio militar.

186. **Una característica única de la época eran las vasijas de bronce utilizadas para ceremonias rituales,** como el culto a los antepasados. Estas vasijas solían estar decoradas con intrincados diseños y símbolos.

187. **La dinastía Zhou fue la primera en la historia china en utilizar monedas** como forma de economía.

188. **Durante este periodo, la música, la poesía, la pintura y la caligrafía florecieron en China.** Muchas obras famosas, como el *Libro de los cantares*, se atribuyen a esta dinastía.

189. **Los arados de hierro permitieron a los agricultores cultivar la tierra con más eficiencia que nunca,** lo que condujo a una mayor productividad agrícola.

190. **Se cree que el filósofo Lao Tzu vivió durante la dinastía Zhou.** A Lao Tzu se le atribuye el desarrollo de la primera forma de taoísmo, un sistema de creencias popular en China y gran parte de Asia Occidental.

191. **El taoísmo es una tradición filosófica y espiritual que hace hincapié en vivir en armonía con el tao**, que a menudo se traduce como el «**Camino**». Anima a los individuos a abrazar la espontaneidad, la simplicidad y la naturalidad, y a buscar el equilibrio y la paz interior a través de prácticas como la meditación, la autorreflexión y la alineación con el flujo de la naturaleza.

192. **La capital de los Zhou occidentales** (1050-771 a. C.) **estaba en Haojing**, mientras que los Zhou orientales cambiaron su capital entre múltiples ciudades, incluyendo Luoyang y Luoyi.

193. **Los Zhou tenían un avanzado sistema de recaudación de impuestos para los ciudadanos**, que incluía diferentes tasas basadas en el estatus social y la riqueza.

194. **Durante el periodo Zhou Oriental** (770-256 a. C.), **China estuvo dividida en múltiples estados.** Estos estados estaban constantemente en guerra entre sí, lo que finalmente condujo a su caída en el 256 a. C.

195. **A la dinastía Zhou Oriental se le atribuye un texto conocido como el** *Libro de los ritos*, que establecía normas de comportamiento en relación con otros y con los gobernantes.

196. **Los Zhou desarrollaron un avanzado sistema astronómico que consistía en seguir las estrellas,** los planetas y las constelaciones utilizando instrumentos especiales como las esferas armilares. Esto influyó en algunos de los métodos que aún utilizan los astrónomos en la actualidad.

197. **Durante este período se inventaron sofisticadas herramientas agrícolas** para ayudar a los agricultores a cultivar la tierra, lo que condujo a mayores niveles de productividad.

198. **Durante la dinastía Zhou, el famoso erudito chino Sun Tzu escribió** *El arte de la guerra*, que más tarde se convirtió en un texto clásico para muchos estrategas militares.

199. **En esta época aumentó el comercio entre China y otros países como la India**, lo que ayudó a difundir ideas y bienes por Asia más rápido que nunca.

200. **El comercio se facilitó por el desarrollo de carreteras y canales** que conectaban diversas partes del reino, permitiendo desplazamientos de un lugar a otro con mayor facilidad. Estas rutas también se utilizaban para el transporte de mercancías.

201. **Durante este periodo se desarrollaron nuevas tecnologías, como la fundición del hierro, que permitieron disponer de mejores armas para la guerra, como las espadas.** También permitió a los chinos acceder a materiales de construcción más resistentes, como ladrillos y tejas, que utilizaban en proyectos de construcción.

202. **Tenían un sistema de creencias muy arraigado en el que los dioses** regían todos los asuntos relacionados con la vida. Se celebraban rituales y ceremonias regularmente en templos especiales dedicados exclusivamente a este fin.

203. **A esta dinastía se le atribuye la introducción del concepto del Mandato del Cielo,** que consistía en la creencia de que un gobierno justo y bien gestionado contaba con la bendición de los cielos, mientras que un gobierno injusto y mal gestionado hacía que los cielos retiraran su apoyo, lo que provocaba la caída de ese gobierno (o dinastía).

204. **Durante la dinastía Zhou se desarrolló una forma primitiva de papel hecho de cáñamo,** que permitió a los chinos acceder a libros y otros escritos que se almacenaban y se transmitían fácilmente de una generación a otra.

205. **El calendario tradicional chino también se creó durante este periodo**. Es utilizado por muchas culturas de Asia, incluso en la actualidad, aunque se utiliza sobre todo con fines festivos y de siembra.

206. **La dinastía Zhou tenía un sistema de notación musical muy desarrollado.** Escribían las composiciones musicales utilizando un sistema de símbolos y caracteres para representar diferentes notas y ritmos. Esto permitía conservar y transmitir la música de una generación a otra.

207. **La escritura floreció durante esta época.** Varios eruditos escribieron extensamente sobre temas como la política, la filosofía y la ciencia, difundiendo grandes cantidades de conocimientos en toda China y más allá de sus fronteras.

208. **Se construyeron hornos de carbón para que los herreros produjeran armas como espadas y herramientas para la agricultura** que no podían fabricarse solo con bronce. Esto permitió acceder a bienes que antes eran difíciles de fabricar.

209. **El arte de la dinastía Zhou fue conocido por la aparición del** *Taotie*, una criatura mítica representada a menudo en el arte chino que se ve comúnmente en antiguas vasijas de bronce de la dinastía Zhou. Se caracteriza por su distintivo rostro en forma de máscara con ojos salientes, cuernos y colmillos.

210. **A esta dinastía se le atribuye la creación de un sistema organizado para registrar e interpretar los acontecimientos astronómicos.** Muchas decisiones importantes, como cuándo plantar los cultivos, se basaban en este sistema.

El periodo de Primavera y Otoño
(aprox. 771-476 a. C.)

En este capítulo se explora el periodo de Primavera y Otoño de la historia china. Se presentan treinta datos interesantes sobre lo que ocurrió durante esta época y por qué se recuerda hoy en día.

211. **El período de Primavera y Otoño se extendió desde 771 a. C. hasta 476 a. C.**, durante la primera mitad del gobierno de la dinastía Zhou Oriental.

212. **El nombre de este periodo deriva de un texto antiguo, los *Anales de primavera y otoño*, que habla sobre el estado de Lu** (un estado vasallo de la dinastía Zhou).

213. **El periodo de Primavera y Otoño fue una parte importante del desarrollo de China,** ya que en él se produjeron muchos cambios, como reformas políticas, avances culturales y prácticas religiosas.

214. Durante este periodo, hubo entre 150 y 200 pequeños estados gobernados por diferentes familias o clanes que competían entre sí por la influencia en el centro de China.

215. **Cada estado tenía su propia capital**, donde los gobernantes vivían y realizaban negocios con los estados vecinos, lo que llevó a un aumento del comercio.

216. **Uno de los filósofos chinos más famosos, Mozi o Mo Di, vivió durante este periodo.** Sus enseñanzas influyeron en muchas personas de la China de la época, aunque sus escritos se identifican más con el siguiente periodo, el de los Estados Combatientes.

217. **Mozi abogaba por una sociedad basada en los principios del amor universal, la imparcialidad y la frugalidad.** Creía en la importancia de la ética práctica y la responsabilidad social. Mozi enfatizaba el concepto de *jian'ai* o «amor inclusivo», que exigía tratar a todas las personas con amabilidad y respeto. Su filosofía se denomina mohismo.

218. **El período de Primavera y Otoño vio la introducción de la ley escrita, con castigos asignados a delitos específicos**, como el robo o el asesinato.

219. **Durante esta época surgieron varias filosofías diferentes,** como el **confucianismo**, el **taoísmo** (daoísmo) y el **mohismo**, que tuvieron seguidores en toda China.

220. **Durante el periodo de Primavera y Otoño, había numerosos estados en China que competían por el poder y la influencia.** Algunos de los principales estados fueron Jin, Qi, Chu, Qin, Wei, Yan y Lu.

221. **Estos estados a menudo se enzarzaban en maniobras políticas, alianzas y conflictos militares mientras competían por el dominio.** Con el tiempo, el equilibrio de poder cambió y varios de estos estados crecieron o disminuyeron su importancia.

222. **El periodo de Primavera y Otoño se considera de gran importancia porque marcó las primeras etapas de la unificación de China en un imperio,** lo que ocurrió bajo el gobierno de Qin (221-206 a. C.).

223. **Durante este periodo, los estados de Wu y Yue lucharon por el control del este y el sur. Yue acabó derrotando a Wu.**

224. **El periodo de Primavera y Otoño es conocido por sus numerosas obras escritas,** como *El arte de la guerra* (un libro sobre estrategia militar).

225. **Mujeres notables hicieron importantes contribuciones en diversos campos. Una figura destacada fue la esposa de Jiang Ziya, conocida como** *Madame* **Tai,** que desempeñó un influyente papel ayudando a su marido en asuntos militares y estratégicos. **Otra mujer notable fue Xi Shi,** famosa por su belleza y de la que se dice que desempeñó un rol fundamental en **los conflictos políticos entre los estados de Wu y Yue.**

226. **Esta época también trajo consigo un aumento de las tasas de alfabetización debido a las mejoras introducidas en la enseñanza de la escritura en las escuelas** y estudios privados.

227. **El duque Huan de Qi es considerado uno de los gobernantes más poderosos de este periodo,** ya que estableció alianzas duraderas con otros estados y ganó muchas batallas contra sus enemigos.

228. **La tecnología de fundición del hierro se utilizó mucho durante este período,** lo que llevó a un aumento en la producción de armas para los soldados en el campo de batalla.

229. **En esta época también se produjeron avances en la escritura,** con caracteres cada vez más simples y estandarizados en comparación con épocas anteriores.

230. **El período de Primavera y Otoño vio un declive en las prácticas de sacrificios humanos** que se llevaban a cabo anteriormente en las tumbas cuando se enterraba a alguien importante, como un rey o un noble.

231. **Los principios del yin y el yang se originaron durante esta época** y aún hoy son ampliamente aceptados en toda Asia por millones de personas.

232. **Los principios del yin y el yang representan el concepto de dualidad y equilibrio en el universo.** El yin representa las cualidades femeninas, pasivas y receptivas, mientras que el yang representa las cualidades masculinas, activas y asertivas. El yin y el yang no son fuerzas opuestas, sino aspectos complementarios que existen en armonía.

233. **Con el aumento del comercio entre los estados durante esta época, se incrementó el contacto entre ellos**, lo que llevó a la formación de amistades y alianzas.

234. **El período de Primavera y Otoño fue también una época de gran agitación,** con frecuentes guerras entre dos o más estados que luchaban por ganar influencia unos sobre otros.

235. **Este periodo marcó el auge de la producción a gran escala de seda en China.** La seda se hizo muy popular en otros países de Asia debido a que era ligera, fuerte y hermosa.

236. **En el período de Primavera y Otoño se construyeron los primeros grandes sistemas de irrigación para regar los campos de manera más eficiente** y obtener mejores cosechas.

237. **Durante esta época se empezaron a utilizar monedas estandarizadas como forma de cambio,** junto con otros bienes como la seda o las armas, que se intercambiaban entre diferentes estados con fines comerciales.

238. **En este periodo aumentaron los intercambios culturales en toda China,** ya que muchas personas viajaban de un estado a otro y compartían historias, música y nuevas ideas.

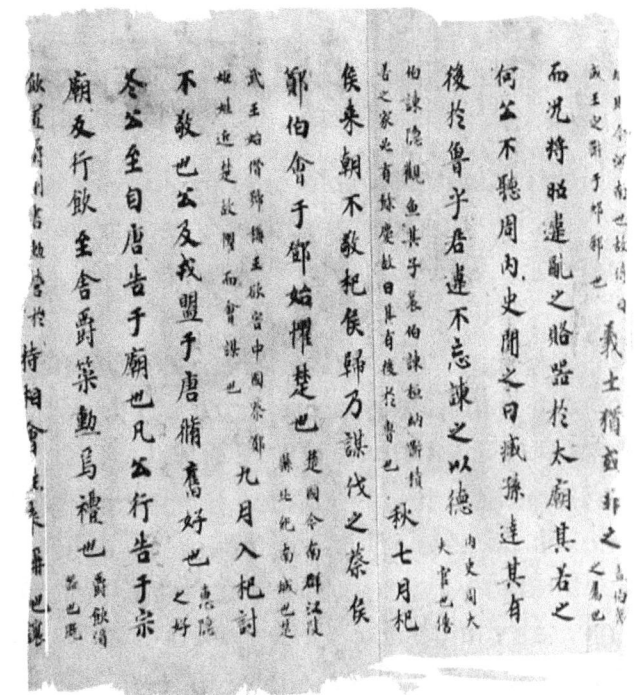

239. **Esta época es vista hoy por los historiadores como el comienzo de la civilización china** debido a la estabilidad política, el crecimiento económico y la mejora del sistema educativo, entre otras muchas cosas introducidas durante estos años.

240. **El periodo de Primavera y Otoño se considera una parte muy importante de la historia china,** ya que trajo consigo muchos cambios que dieron forma a la China actual.

La antigua filosofía china

En este capítulo exploraremos la fascinante historia de la antigua filosofía china. Descubriremos treinta datos interesantes sobre los antiguos filósofos chinos y sus creencias y enseñanzas.

241. **Lo que los historiadores consideran filosofía china antigua comenzó alrededor del año 500 a. C. y terminó en el 221 a. C.**

242. **Confucio fue uno de los pensadores más famosos de esta época**, enseñaba el respeto a la autoridad y la importancia de las relaciones familiares y la tradición, entre otras cosas.

243. **Confucio trabajó como funcionario del gobierno en el estado de Lu,** en la zona de la actual provincia de Shandong.

244. **Los filósofos chinos creían en el poder del yin y el yang,** que simbolizan el equilibrio armonioso entre fuerzas opuestas como la oscuridad y la luz, lo masculino y lo femenino, la pasividad y la acción, etc.

245. **Los textos antiguos más importantes** se conocen como los cuatro clásicos: **el** *I Ching* (Libro de los cambios), *las Analectas de Confucio, los escritos de Menci, Mengzi y* **las filosofías de Laozi Daodejing,** *Tao Te Ching.*

246. **Los filósofos de este periodo trataron de crear un código ético para la sociedad a través de un conjunto de principios morales llamados** *Li* o ritos que incluían la moralidad, la etiqueta y la educación, entre otras cosas.

247. **También desarrollaron teorías sobre cómo debían actuar las personas entre sí con base en la naturaleza humana llamadas** *ren* o benevolencia, que enfatizaban la bondad, la misericordia y la compasión hacia todas las criaturas vivientes.

248. **La antigua filosofía china se centraba en el culto a los antepasados**. Creían que honrar a los antepasados era esencial para mantener la armonía social.

249. **La filosofía china anima a la gente a encontrar la paz interior, el equilibrio y la sabiduría a través de la meditación** o «sentarse en silencio», que implica la contemplación profunda y la conciencia de los propios pensamientos.

250. **Los antiguos filósofos chinos utilizaban la práctica de la adivinación como una forma de obtener una visión del futuro.**

251. **Las filosofías chinas antiguas más destacadas fueron el taoísmo, el confucianismo y el legalismo,** todas ellas centradas en diferentes aspectos, como la moralidad, la acción y la obediencia, respectivamente.

252. **La antigua China estuvo muy influenciada por el budismo de la India durante este período,** pero todavía se aferraba a sus propias creencias tradicionales sobre la naturaleza humana y la ética.

253. **Los filósofos de esta época creían que comprender cómo funcionaban las cosas juntas podía crear una armonía perfecta entre los seres humanos y la naturaleza.** Esto se denominaba *wu wei*, que significa no acción/no intervención.

254. **Los filósofos chinos ampliaron las ideas budistas sobre el karma.** Con base en el principio de causa y efecto, el karma generalmente significaba que las buenas acciones traerían recompensas positivas mientras que las malas acciones serían castigadas.

255. **La antigua filosofía china, en particular el taoísmo, se centraba en la importancia de cultivar una relación con la naturaleza** para mantener la armonía y el equilibrio dentro de la sociedad.

256. **En la antigua China, la gente creía que todo estaba conectado por una fuerza única llamada *qi*** (pronunciado «qui») o energía vital que podía utilizarse para influir en los acontecimientos y en la vida si se aprovechaba adecuadamente.

257. **A Confucio se le atribuye la descripción de una sociedad ideal basada en sus enseñanzas sobre el respeto y la lealtad** hacia los superiores como parte de un sistema social más amplio que creó y llamó las «cinco relaciones».

258. **El emperador Wu (141-87 a. C.) creía que el confucianismo podía sentar las bases morales de un imperio fuerte y próspero.** Promovió la educación y la erudición confucianas, y nombró a eruditos confucianos para ocupar altos cargos del gobierno.

259. **La antigua filosofía china hacía hincapié en vivir en armonía con todas las cosas,** creyendo que los seres humanos debían esforzarse por alcanzar la rectitud en lugar de deseos egoístas u objetivos materialistas.

260. **Los filósofos chinos enseñaban a sus seguidores lo importante que era tener buenos valores morales y esforzarse por alcanzar la excelencia en todos los ámbitos de la vida.**

261. **Estos filósofos creían que el conocimiento era la clave para la comprensión y la sabiduría,** destacando la importancia de la educación como una forma de lograr el crecimiento personal y la superación.

262. **Mencio fue un erudito confuciano.** Sus tres ideas más importantes eran que las personas eran innatamente buenas, que la educación era importante y que la labor del gobierno era crear un estado que promoviera la bondad humana y el bienestar de su pueblo.

263. **La idea principal de la antigua filosofía china era encontrar la armonía entre los seres humanos y la naturaleza** siguiendo las leyes y principios naturales, como el equilibrio yin-yang o el *wu wei* (no acción).

264. **Muchos principios confucianos se convirtieron más tarde en leyes. Por ejemplo, durante la dinastía Tang (618-907 d. C.),** la idea de Confucio de la piedad filial se convirtió en ley. **El Código Tang** estipulaba que los hijos que no cuidaran adecuadamente de sus padres podían ser castigados por el gobierno.

265. **Los antiguos filósofos chinos tenían fuertes creencias sobre el poder de la suerte** y el destino, pensaban que los acontecimientos estaban predeterminados por una fuerza invisible.

266. **Los filósofos de este período desarrollaron ideas sobre cómo debía comportarse la gente para vivir una vida exitosa** de acuerdo con las normas sociales.

267. **Los antiguos filósofos chinos creían que la comprensión de las leyes naturales podía conducir a los seres humanos hacia la iluminación**, la comprensión perfecta y la sabiduría.

268. **Los filósofos de la antigua China valoraban mucho la humildad, el desinterés y el respeto por los demás,** independientemente de su estatus en la sociedad.

269. **El confucianismo ha influido en la vida china durante dos mil años.**

270. **En la actualidad, el Partido Comunista Chino (PCCh) tiene una postura compleja y matizada sobre el confucianismo**. El PCCh reconoce la importancia del confucianismo como filosofía y valores tradicionales chinos. Pero también desconfía del potencial del confucianismo para desafiar su propia autoridad.

Periodo de los Estados Combatientes
(475-221 a. C.)

En este capítulo exploraremos el fascinante periodo de los Estados Combatientes, que duró del 475 al 221 a. C. Analizaremos treinta y cinco datos interesantes que hacen de este periodo uno de los más importantes de la historia china, incluidos datos sobre el ejército y la cultura chinos.

271. **El período de los Estados Combatientes fue una época de guerras y luchas de poder en la antigua China.**

272. Durante esta época, **siete estados lucharon por el control del país: Qin, Chu, Yan, Han, Zhao, Wei y Qi.**

273. **El periodo de los Estados Combatientes fue una época muy importante en la historia de China** porque sentó las bases de gran parte de lo que vino después.

274. **Es importante recordar que las fechas tan lejanas en la historia son aproximadas. Tanto Confucio como Sun Tzu** son conocidas figuras del periodo de los Estados Combatientes, aunque las fuentes indican que sus muertes se produjeron antes de que comenzara el periodo.

275. **El tamaño de los ejércitos durante el periodo de los Estados Combatientes variaba dependiendo del estado y de la campaña militar.**

276. **Los estados de Qin y Chu eran conocidos por sus ejércitos más grandes y poderosos** en comparación con los otros estados.

277. **El tamaño de los ejércitos podía variar desde varios miles de soldados** hasta decenas de miles o incluso cientos de miles en algunos casos.

278. **El hierro fue ampliamente utilizado durante este período**, lo que permitió a los soldados fabricar mejores armas y armaduras más fuertes que podían protegerlos de los ataques de sus enemigos.

279. **Una de las batallas más grandes y significativas del periodo de los Estados Combatientes fue la batalla de Changping.** Tuvo lugar entre los estados de Qin y Zhao en el 260 a. C.

280. **La batalla de Changping formó parte de un largo conflicto entre Qin y Zhao** y en ella participaron un gran número de fuerzas. Las cifras exactas son inciertas, pero se dice que cientos de miles de soldados participaron en la batalla.

281. **Los Qin ganaron la batalla, lo que condujo al establecimiento de la dinastía Qin.**

282. **Durante el periodo de los Estados Combatientes, la espada típica china era conocida como *jian*.** La *jian* era una espada recta de doble filo con un diseño esbelto y equilibrado. Tenía una punta afilada y una hoja ligeramente curvada que permitía técnicas versátiles de corte y estocada.

283. **La *jian* se fabricaba normalmente en bronce o hierro y podía variar en longitud,** oscilando entre unos sesenta y ochenta centímetros.

284. **La obra de Sun Tzu fue muy importante durante el periodo de los Estados Combatientes.** Su principio más importante, esbozado en su **famosa obra *El arte de la guerra*,** es el concepto de «conocerse a uno mismo y conocer al enemigo». Según Sun Tzu, comprender las propias fortalezas, debilidades y capacidades, así como tener conocimiento de las fortalezas y debilidades del enemigo, es esencial para alcanzar el éxito en la guerra.

285. **En el periodo de los Estados Combatientes se produjo un aumento del comercio en toda China,** que difundió nuevas tecnologías y bienes por todo el país.

286. **Esta época también fue conocida por el uso de espías,** que recopilaban información para ayudar a sus respectivos estados en la batalla.

287. **A pesar de los problemas de la época, el período de los Estados Combatientes fue un momento de gran creatividad,** con muchos avances en el arte, la música, la literatura y la filosofía que todavía influyen hoy en día.

288. **Durante este período, las ciudades adquirieron mucha más importancia, ya que servían como centros políticos** donde los líderes podían negociar tratados o hacer tratos entre los diferentes estados.

289. **La población estimada de China durante el periodo de los Estados Combatientes** es difícil de determinar debido a los limitados registros históricos y a las diferentes estimaciones. Sin embargo, se cree que la población de China durante este tiempo era de **decenas de millones.**

290. **El objetivo principal de la guerra durante este período fueron las batallas terrestres y el control territorial.**

291. **Hubo casos de enfrentamientos navales,** sobre todo en regiones con acceso a ríos, lagos y zonas costeras. Estados como Qi y Chu, que tenían acceso al mar y a redes fluviales, poseían fuerzas navales y participaban en actividades marítimas.

292. **Aunque algunas personas atribuyeron en su día la invención de la pólvora al periodo de los Estados Combatientes, afirmando que el invento ayudó a Qin Shi Huang a conquistar toda China**, el uso de la pólvora en el campo de batalla no se produjo hasta la dinastía Tang (618-907 d. C.).

293. **La mayoría de los hombres de los ejércitos del período de los Estados Combatientes** eran campesinos reclutados y otros sin experiencia en la guerra.

294. **En este periodo se crearon grandes ciudades amuralladas, como Xianyang,** que protegían a los Qin y a sus aliados.

295. **Hubo otros guerreros famosos además de Sun Tzu.** Uno de ellos fue **Bai Qi (a veces conocido como Señor Xinling).** Era conocido por sus excepcionales tácticas militares y sus logros en el campo de batalla. Bai Qi desempeñó un papel crucial en los éxitos militares del estado Qin y era temido por muchos estados rivales.

296. **Otro guerrero famoso fue Li Mu, estratega militar y general del estado de Zhao.** Se le considera uno de los comandantes militares más hábiles de la época y era conocido por sus estrategias innovadoras y maniobras tácticas

297. **Lian Po fue un general del estado Zhao.** Era conocido por sus estrategias defensivas y su capacidad para contener a fuerzas enemigas superiores. Desempeñó un papel importante en la defensa de Zhao contra el poderoso estado Qin.

298. **En este período también se produjo un aumento de la alfabetización,** ya que más personas pudieron acceder a los textos confucianos, lo que les ayudó en sus estudios.

299. **Los estados de Qin, Chu, Yan, Han, Zhao, Wei y Qi fueron las principales potencias durante este periodo.** Sus territorios abarcaban las actuales provincias de Shaanxi, Henan, Shandong, Hebei, Hubei y partes de Anhui y Liaoning.

300. **Los objetos cotidianos, como lámparas y mesas, se fabricaban como obras de arte** en lugar de tener sólo una finalidad práctica. Las vasijas de bronce fueron muy populares durante esta época.

301. **Durante el periodo de los Estados Combatientes, hubo contactos comerciales entre China, Japón y Corea,** pero el alcance y la frecuencia de estos intercambios fueron relativamente limitados.

302. **Algunos estados chinos, en particular el estado de Qin, tuvieron interacciones con los antiguos reinos vietnamitas,** pero estos contactos no fueron tan extensos como con otros estados vecinos.

303. **El *guqin*, un instrumento de cuerdas largas, se hizo muy popular durante el periodo de los Estados Combatientes.** Se cree que Confucio disfrutaba tocando este instrumento. El *guqin* se sigue tocando hoy en día.

304. **La ciudad más grande durante el periodo de los Estados Combatientes era Xianyang,** la capital del estado Qin. Xianyang era una ciudad bulliciosa con una infraestructura bien desarrollada, que incluía grandes palacios, edificios administrativos y un sofisticado sistema de defensa.

305. **El periodo de los Estados Combatientes llegó a su fin con el establecimiento de la dinastía Qin bajo el gobierno de Qin Shi Huang.**

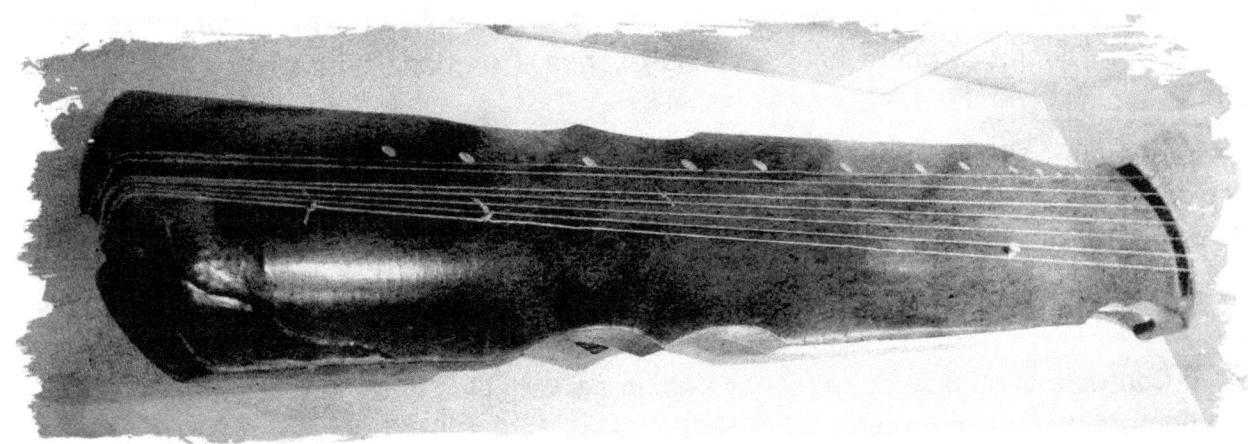

Confucianismo

Este capítulo explorará la sabiduría atemporal del confucianismo, fundado por un hombre llamado Confucio y **practicado durante miles de años en China.** Todavía hoy se considera el código de conducta social en China. Descubriremos varios datos interesantes sobre sus enseñanzas y cómo estos valores han moldeado la cultura china

306. **El confucianismo es una antigua filosofía china fundada por un hombre llamado Confucio, también conocido como Kongqiu o Kongzi.** En China también se le llama **Maestro Kong.**

307. **El confucianismo hace hincapié en la importancia de la educación, el respeto a los mayores y gobernantes, la lealtad entre familiares y amigos, y la armonía en la sociedad.**

308. **Confucio creía que las personas debían llevar una vida moral basada en virtudes** como la bondad, la honestidad, la honradez y la justicia.

309. **También enseñó a la gente a mostrar reverencia hacia los antepasados a través de rituales de culto a los antepasados** como quemar incienso o dar ofrendas de alimentos en los lugares de las tumbas ancestrales durante festivales como el Qingming o «Día de barrer la tumba».

310. **Las enseñanzas centrales del confucianismo implican cinco relaciones clave:** gobernante-súbdito, padre-hijo, esposo-esposa, hermano mayor-hermano menor, amigo-amigo.

311. **Sus enseñanzas se han transmitido durante generaciones en China.** ¡Todavía hoy son importantes!

312. **Confucio escribió comentarios y enseñó los cinco clásicos:** el *Libro de los documentos*, el *Clásico de la poesía*, el *Libro de los ritos* y los *Anales de primavera y otoño*.

313. **Confucio creía que las personas debían ser amables entre sí y** practicar el respeto mutuo para lograr la armonía.

314. **Creía que todos los seres humanos son capaces de moralidad, educación y virtud** si usan su propio juicio sabiamente.

315. **El confucianismo se basa en la idea de que todo el mundo debe mostrar compasión hacia los demás y ayudarles a alcanzar su potencial.** Esto se conoce como *ren* o benevolencia.

316. **Confucio enseñó sobre la piedad filial,** que significa ser respetuoso con los mayores, antepasados, maestros y padres en todo momento.

317. **Las enseñanzas de Confucio han influido durante miles de años en muchos aspectos de la cultura china,** como el arte, la literatura, la música, la arquitectura, la cocina y la política.

318. **El confucianismo hace hincapié en las relaciones armoniosas entre los distintos niveles de la sociedad,** como funcionarios-ciudadanos, empresarios-empleados, amigos, familiares y profesores-alumnos.

319. **Confucio creía en un sistema meritocrático en el que las personas ascenderían en función de sus capacidades y no de sus derechos de nacimiento o clase.**

320. **También fomentó el respeto por los diferentes tipos de conocimiento,** incluidas las ciencias como las matemáticas, la astronomía y la medicina.

321. **Las interacciones entre los gobernantes debían incluir la consulta a ministros sabios** que asesoraran para ayudar a tomar decisiones que beneficiaran a todo el país.

322. **El confucianismo ha inspirado a muchas generaciones de pensadores chinos.**

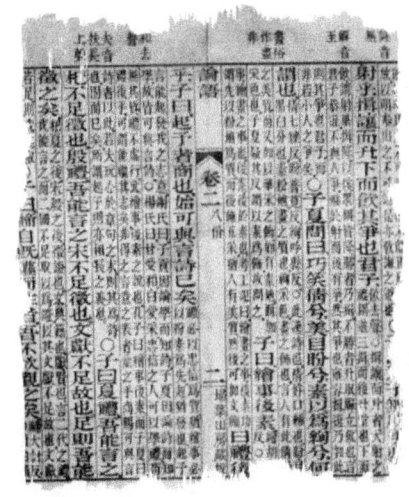

323. **Todavía hoy existen en China algunos templos dedicados a Confucio.** Es conocido el Templo de Confucio, que se encuentra en la ciudad de Qufu.

324. **Durante sus enseñanzas, propuso tres valores fundamentales: la benevolencia, la rectitud y la piedad filial.** Se consideraban virtudes esenciales para la armonía social.

325. **El confucianismo sigue siendo una parte importante de la cultura china actual.** Sigue conformando los valores éticos y morales en los negocios y el gobierno en todo el mundo chino.

Taoísmo

En este capítulo nos adentraremos en el fascinante mundo del taoísmo, también conocido como daoísmo, una religión y filosofía china. Descubriremos veinte datos interesantes sobre sus enseñanzas y cómo nos animan a vivir en armonía con la naturaleza.

326. **El taoísmo es una religión y filosofía china que comenzó alrededor del año 500 a. C.**

327. **La idea principal del taoísmo es vivir en armonía con la naturaleza o el Tao (el Camino).**

328. **El taoísmo anima a las personas a ser humildes, honestas y amables con los demás** y consigo mismas.

329. **El taoísmo enfatiza la importancia de seguir la naturaleza interior y la intuición** de cada uno en lugar de confiar únicamente en reglas y regulaciones externas.

330. **Una figura importante asociada con el taoísmo es Lao Tzu** (también conocido como Laozi), se cree que escribió **el libro *Tao Te Ching*,** que resume las enseñanzas del taoísmo.

331. **Las creencias taoístas se basan en la teoría del yin-yang:** dos fuerzas opuestas que se equilibran entre sí como la luz frente a la oscuridad, creando una paz cósmica general cuando se equilibran correctamente.

332. **Los principios taoístas hacen hincapié en encontrar un equilibrio entre el cuerpo y la mente** y se materializan en prácticas como el *qigong*, el *tai chi*, las artes marciales y la meditación.

333. **La filosofía taoísta utiliza a menudo imágenes basadas en la naturaleza para describir sus enseñanzas,** como el viaje de un río o los ciclos de la luna creciente y menguante.

334. **La cultura taoísta está muy centrada en la salud y el bienestar, y utiliza hierbas medicinales para tratar las enfermedades.** Prácticas como la acupuntura y el *qigong* también son importantes en la forma en que los taoístas ven la salud y las cuestiones médicas.

335. **Los taoístas creen en el** *wu wei,* **un concepto que nos anima a no ser demasiado agresivos o enérgicos a la hora de conseguir una acción u objetivo,** sino a fluir con nuestra energía e instintos naturales.

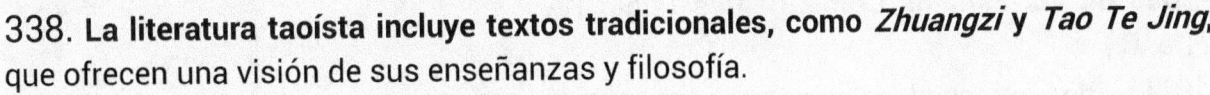

336. **El taoísmo también enfatiza la importancia de tener una fuerte conexión espiritual con uno mismo y con la naturaleza para vivir en paz.**

337. **El taoísmo es una religión que no tiene dioses, sino que se centra en el poder interior** de cada persona y en entender cómo interactuamos con nuestro entorno, tanto físico como mental.

338. **La literatura taoísta incluye textos tradicionales, como** *Zhuangzi* **y** *Tao Te Jing,* que ofrecen una visión de sus enseñanzas y filosofía.

339. **Los principios fundamentales del taoísmo son cinco: compasión, humildad, sencillez, moderación y respeto a la naturaleza.**

340. **Los rituales taoístas incluyen quemar incienso o rezar oraciones para honrar a los antepasados o a los cielos.** Sin embargo, estas prácticas pueden variar según el lugar o la tradición que practiquen los seguidores.

341. **Al igual que otras religiones orientales, no existe un único fundador del taoísmo.** Creció y evolucionó con el tiempo a partir de varias escuelas filosóficas.

342. **El taoísmo se divide en dos ramas principales: el taoísmo filosófico,** que se centra en el ser interior, y **el taoísmo religioso,** que hace hincapié en los rituales y las prácticas.

343. **La fusión de ideas y creencias confucianas y taoístas es típica entre muchos chinos hoy en día** y lo ha sido durante algún tiempo.

344. **El objetivo de los taoístas es llegar a ser uno con el universo** mediante la comprensión de cómo todo lo que nos rodea funciona en conjunto como un todo.

345. **El símbolo del yin-yang representa la armonía en el taoísmo.** El lado negro representa la oscuridad, mientras que el blanco representa la luz. Ambas mitades son iguales y se necesitan mutuamente para existir.

Legalismo

En este capítulo nos adentraremos en el legalismo, una filosofía china que se remonta al siglo IV a. C. y que siguió influyendo en la política china hasta 1911. Exploraremos sus ideas principales y cómo configuró la antigua China y los sistemas jurídicos modernos de todo el mundo.

346. **El legalismo era una filosofía china que creía que las personas debían ser gobernadas por leyes, no por gobernantes individuales.**

347. **El legalismo se desarrolló durante el periodo de los Estados Combatientes** (siglo IV-221 a. C.).

348. **La idea principal del legalismo es que la naturaleza humana es intrínsecamente mala y necesita ser controlada con leyes estrictas** para que la sociedad funcione correctamente.

349. **Según esta creencia, no se puede confiar en los seres humanos,** por lo que las normas siempre deben tener prioridad sobre los sentimientos u opiniones personales en los procesos de toma de decisiones.

350. **La autoridad de un gobernante debe permanecer absoluta en todo momento** para que las filosofías legalistas funcionen eficazmente, ya que así se garantiza la obediencia de la población. Si la gente obedece, no cuestionará ni debatirá las decisiones del gobernante ni la aplicación de las leyes.

351. **El pensador legalista más famoso fue Han Fei Tzu,** que escribió muchos libros sobre sus ideas acerca de la ley y el gobierno, que fueron influyentes a lo largo de la historia de China.

352. **Su libro** *Han Feizi* **estableció gran parte de lo que se convertirían en aspectos centrales del gobierno imperial chino** durante los siglos venideros.

353. **Los legalistas creían en un gobierno central fuerte con leyes y castigos claros.**

354. **También creían en una burocracia eficiente** que garantizara el cumplimiento de la ley por igual en todos los ámbitos de la sociedad.

355. **El confucianismo, que enfatizaba la piedad filial y la educación moral, era visto por los legalistas como débil o poco práctico, ya que la naturaleza humana es intrínsecamente mala.**

356. **El legalismo enseñaba que había que recompensar el buen comportamiento e imponer duros castigos** a quienes desobedecieran las leyes para que la gente obedeciera por miedo y no por moralidad.

357. **La dinastía Qin era conocida por su estricto sistema legal y sus severos castigos para los crímenes.** Los métodos de ejecución incluían la muerte por desmembramiento, decapitación o despedazamiento por carros.

358. **Ejemplos de otros aspectos notorios de esta época incluyen las campañas de quema masiva de libros llevadas a cabo por el emperador Qin Shi Huangdi** contra cualquier escrito considerado «no legalista» para borrar cualquier rastro de filosofías o creencias alternativas.

359. **El legalismo fue una influencia importante en la política china** hasta la caída de la dinastía Qin en 207 a. C. y también durante gran parte de los períodos imperiales posteriores de China.

360. **Con el tiempo, la filosofía legalista fue sustituida por el confucianismo,** que hacía hincapié en la educación moral.

361. **La decadencia del legalismo y el auge del confucianismo se produjeron durante un largo período de tiempo y en ellos intervinieron diversos factores,** entre ellos cambios políticos y desarrollos intelectuales.

362. **A pesar de haber sido oficialmente abolido tras el colapso de la dinastía Qing** en 1911, la influencia del legalismo persiste en muchos aspectos de la sociedad china actual.

363. **El legalismo se considera una influencia importante en los sistemas jurídicos chinos más recientes.**

364. **Aunque algunos pudieron considerarlo severo,** el legalismo ayudó a dar unidad y estabilidad a la antigua civilización china durante sus años de formación.

365. **Hoy en día, se siguen utilizando formas modernas de esta filosofía en varios países del mundo, como Singapur** (una nación que ha estado influida por China a lo largo de los siglos), donde la gente hace hincapié en un estricto estado de derecho con penas estrictas para las violaciones del mismo.

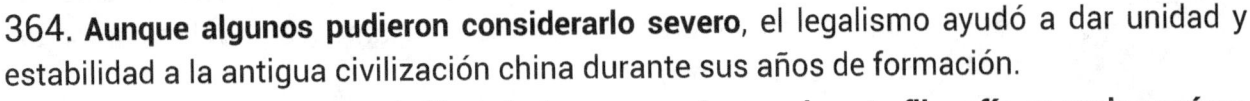

La dinastía Qin
(221-206 a. C.)

Este capítulo investigará la intrigante historia de la dinastía Qin. Aunque no duró mucho, produjo muchos cambios, como la Gran Muralla china. Descubramos veinticinco datos sobre este imperio chino.

366. **La dinastía Qin fue el primer imperio de China y duró unos quince años** (221-206 a. C.).

367. **La capital de la dinastía Qin se llamaba Xianyang**, situada cerca de la actual Xi'an.

368. **El emperador Shi Huangdi fue el primer gobernante de este imperio chino**. Se le conoce como uno de los reyes más poderosos de la historia antigua.

369. **Ordenó destruir todos los libros que no estuvieran de acuerdo con sus creencias, excepto los libros sobre medicina, adivinación, agricultura y silvicultura**, que pudieron permanecer intactos.

370. **Shi Huangdi conectó todas las partes de lo que entonces era China** mediante la construcción de carreteras que cruzaban diferentes provincias para que las mercancías pudieran viajar más fácilmente que antes.

371. **También comenzó la construcción de un enorme muro, ahora conocido como la Gran Muralla** china. La muralla estaba hecha de ladrillos y piedras. Se construyó a lo largo de la frontera norte de China para ayudar a proteger al pueblo de los ataques enemigos.

372. **Shi Huangdi creó pesos y medidas estandarizados en todo el imperio.**

373. **Durante la dinastía Qin se estableció el primer sistema de educación pública**. Se creó un sistema de exámenes para los cargos del gobierno (el servicio civil).

374. **La Gran Muralla es uno de los monumentos más famosos de este período,** pero se construyeron muchas otras grandes estructuras, incluyendo un complejo palaciego en Xianyang y una elaborada red de canales para ayudar con las necesidades de riego y transporte.

375. **La dinastía Qin fue una de las más ricas de la historia de China.** China experimentó un período de rápido crecimiento económico debido en parte a la unificación del país y a la aplicación de una serie de reformas económicas.

376. **Shi Huangdi unificó el código legal de China mediante la creación de leyes que se aplicaban en las diferentes provincias y regiones,** lo que facilitó a las personas que vivían allí comprender sus derechos en virtud de las leyes promulgadas en Xianyang.

377. **Se cree que Shi Huangdi tuvo muchas esposas y concubinas.** Según los registros históricos, tuvo varias esposas oficiales. Se desconoce el número exacto, pero era habitual que los emperadores chinos de la época tuvieran varias esposas y concubinas.

378. **Durante la dinastía Qin se desarrollaron muchas tecnologías, como las nuevas técnicas de fundición del hierro y las lanzas de fuego** (una forma temprana de armas de pólvora).

379. **En 1974, unos agricultores de Xi'an descubrieron lo que hoy se conoce como el Ejército de Terracota. Se construyeron miles de soldados de terracota únicos para proteger al emperador en la otra vida.** Hoy en día, el Ejército de Terracota es una de las mayores atracciones turísticas de China.

380. **Los Qin utilizaron técnicas avanzadas de ingeniería para construir puentes** sobre los ríos que pudieran soportar el tráfico pesado de caballos o carros. También construyeron sistemas de irrigación para que los agricultores pudieran cultivar en zonas áridas donde, de otro modo, el agua no estaría fácilmente disponible.

381. **El arte desempeñó un papel importante en la cultura de la dinastía Qin,** que produjo su propio estilo de pintura y escultura. Sin embargo, sólo se conservan unas pocas piezas.

382. **Durante esta época se escribieron libros sobre teoría musical,** lo que demuestra la importancia que tenía la música para la gente.

383. **Shi Huangdi fue un gran gobernante unificador, pero también podía ser cruel.** Se sabe que mandó enterrar vivos a los eruditos que amenazaron su gobierno o sus ideas.

384. **Los campesinos fueron obligados a trabajar en la Gran Muralla**, y se dice que miles de personas murieron durante su construcción. La leyenda dice que la muralla contiene los huesos de muchas de esas personas.

385. **Shi Huangdi también creó una gran red de espías y policías cuyo principal trabajo era escuchar comentarios y escritos** que estuvieran en contra de su gobierno.

386. **A pesar de las muchas mejoras en las infraestructuras y la economía**, el duro gobierno de Shi Huangdi provocó rebeliones. El gobierno era demasiado débil y no podía reaccionar en zonas alejadas de la capital.

387. **Es creencia común que el emperador Shi Huangdi murió durante una expedición en busca del elixir de la vida,** la versión china de la fuente de la juventud. El elixir de la vida es una poción mítica que, según se dice, otorga la inmortalidad.

388. **Tras la muerte del emperador Shi Huangdi, la dinastía Qin se desmoronó,** pero su legado perdura a través de algunos de los monumentos más famosos de China, como la Gran Muralla y el Ejército de Terracota.

389. **La dinastía Qin terminó en parte porque Shi Huangdi no tenía herederos legítimos,** y su muerte dio lugar a una lucha de poder entre sus funcionarios. Esta lucha de poder debilitó al gobierno Qin y lo hizo vulnerable a los ataques.

390. **La dinastía Qin es recordada por sus ambiciosos proyectos y logros, así como por su gran impacto en la cultura china,** que aún se siente hoy en día.

La dinastía Han
(206 a. C.- 220 d. C.)

En este capítulo exploraremos la dinastía Han, que duró desde el 206 a. C. hasta el 220 d. C. Descubriremos varios datos sobre su cultura, creencias y avances. Durante esta dinastía ocurrieron muchas cosas, así que ¡abróchese el cinturón!

391. **La dinastía Han** (206 a. C.- 220 d. C.) **fue la segunda dinastía imperial de China** y duró unos cuatrocientos años.

392. **Fue fundada por el líder rebelde campesino Liu Bang**, que fue nombrado póstumamente **emperador Gaozu de Han.**

393. **La dinastía Han se divide en dos periodos: Han Occidental** (206 a. C.-9 d. C.) **y Han Oriental.** (25-220 d. C.). Hubo una interrupción de catorce años en el gobierno debido a la dinastía Xin (9-23 d. C.).

394. **Durante esta época, China desarrolló un sistema de burocracia** para gobernar sus vastos territorios, adoptando el confucianismo como ideología oficial.

395. **Los chinos inventaron el papel durante la dinastía Han**, lo que cambió la forma de leer y escribir.

396. **Los antiguos chinos inventaron la brújula para ayudar a los marineros a navegar** y orientarse.

397. **Se cree que el descubrimiento y cultivo del té se originó en China durante este periodo.**

398. **Se hicieron grandes avances en ciencia y tecnología,** incluyendo matemáticas, astronomía y medicina, particularmente bajo el emperador Wu Di (141-87 a. C.).

399. **La dinastía Han desempeñó un papel crucial en el desarrollo y expansión de la Ruta de la seda.** Esta antigua ruta comercial facilitó los intercambios culturales, las transacciones económicas y la difusión de ideas y tecnologías entre Oriente y Occidente.

400. **Los primeros emperadores Han fomentaron la agricultura, con nuevos métodos como los sistemas de irrigación que condujeron al crecimiento de la población** dentro de las fronteras del imperio.

401. **La dinastía Han fue la primera en hacer uso de una Secretaría y Censorado Imperiales,** una especie de cancillería que coordinaba las ramas y acciones del gobierno. Este sistema se mantendría durante siglos tras la caída de la dinastía Han.

402. **Los ejércitos Han utilizaban armas de hierro, más resistentes que las de bronce,** lo que les daba ventaja sobre sus enemigos durante la guerra.

403. **Los chinos inventaron la carretilla también durante este periodo.**

404. **El emperador Wu Di creó el primer ejército profesional de China,** en el que los soldados recibían un salario en lugar de tierras u otras recompensas.

405. **El emperador Wu Di es recordado por el asombroso número de canales** que ordenó construir.

406. **Durante esta época, el budismo llegó a China y se extendió rápidamente por toda la sociedad,** llegando incluso a influir en los miembros de la corte imperial.

407. **En su apogeo, el dominio Han se extendió más allá de las fronteras septentrionales de la actual China, hasta Mongolia y Corea.**

408. **La dinastía Han produjo algunos de los mapas del mundo más precisos y detallados** que se habían visto hasta entonces.

409. **Durante esta dinastía se desarrolló la acupuntura como método para curar muchas enfermedades.** La acupuntura consiste en la inserción de agujas finas en puntos específicos del cuerpo para estimular el flujo de energía.

410. **La cerámica se fabricaba a gran escala en hornos** de grandes centros alfareros situados en unos pocos lugares del imperio.

La guerra de los Caballos Celestiales
(104-102 a. C.)

Este capítulo explorará la guerra de los Caballos Celestiales, un conflicto librado a finales del siglo II a. C. Descubriremos varios hechos fascinantes sobre cómo se libró esta guerra y su impacto duradero en la cultura china.

411. **La guerra de los Caballos Celestiales se libró entre los años 104 y 102 a. C. en Asia central.** La guerra se libró entre la etnia china y el Reino Greco-Bactriano (conocido por los chinos como Dayuan).

412. **El nombre de la guerra se debe a una batalla en la que participaron caballos que eran conocidos por su legendaria velocidad**, resistencia y fuerza, lo que los hacía muy codiciados.

413. **Los «caballos celestiales» eran caballos ferganos.** Estos caballos ya no existen hoy en día, pero en su día fueron importaciones chinas muy populares.

414. **Hay muchas historias diferentes sobre cómo comenzó esta guerra**, pero ninguna ha sido probada de forma concluyente.

415. **La historia más aceptada sobre el inicio de la guerra dice que el emperador Wu de Han oyó hablar de los «caballos celestiales» y los quiso para sí**. Sin embargo, el rey Dayuan se negó a comerciar con los caballos, lo que dio lugar a un conflicto armado.

416. **Muchos historiadores creen que el emperador quería los caballos para derrotar a las tribus nómadas de la estepa** que llevaban años acosándolos.

417. **Los chinos aprendieron mucho sobre los caballos y la guerra de caballería de los pueblos centroasiáticos con los que lucharon.** Se dieron cuenta de que la única forma de derrotar realmente a las tribus nómadas era construir una caballería propia.

418. **Durante esta época, los caballos eran extremadamente valiosos,** y no era raro que los guerreros intentaran apoderarse de los caballos de sus enemigos como botín de guerra.

419. **Además de su uso en la guerra y como símbolo de estatus, los caballos se utilizaban para el transporte.** Podían desplazarse rápidamente por terrenos difíciles.

420. **Las excavaciones y descubrimientos arqueológicos en China y Asia central han arrojado luz sobre el uso de los caballos en la guerra antigua.** El examen de enterramientos, restos de carros y artefactos relacionados con los caballos proporciona más pruebas de la importancia de los caballos en las batallas durante la historia antigua.

421. **Los caballos llegaron a ser tan importantes para China que se crearon criaderos después de esta batalla.** Se cree que cientos de miles de «caballos celestiales» fueron utilizados por la posterior dinastía Tang.

422. **Los historiadores creen que ambos bandos utilizaron arqueros en la batalla durante la guerra de los Caballos Celestiales.**

423. **Ambos bandos utilizaron hondas y lanzas, que disparaban** mientras cabalgaban en carros o galopaban a caballo.

424. **El general del ejército Han durante esta batalla fue Li Guangli.** El emperador Wu favorecía a la familia Li e incluso pensó en poner a uno de sus miembros en el trono.

425. **Li Guangli hizo algunos progresos en el campo de batalla,** pero tuvo que dar marcha atrás porque sus hombres se morían de hambre por la falta de suministros.

426. **Cuando Li Guangli llegó a Dayuan,** la capital, sus hombres desviaron un río cercano. Como la ciudad carecía de pozos, la gente no tenía ninguna fuente de agua dulce.

427. **Dayuan tardó cuarenta días en caer.** El rey fue asesinado y Li Guangli tomó su cabeza.

428. **Los habitantes de la ciudad acordaron darle a Li todos los caballos que quisiera si se marchaba.** Si se negaba a marcharse, amenazaron con matar a todos los caballos. Li aceptó las condiciones y se llevó muchos caballos a China.

429. **Es probable que ambos bandos utilizaran sillas de montar en esta guerra,** pero los estribos fueron un desarrollo posterior.

430. **Se cree que en algunas batallas luchaban miles de hombres a la vez,** lo que las hacía bastante caóticas y brutales para los implicados.

Literatura china

Este capítulo explorará la literatura china temprana, que se extiende más allá del punto final tradicional de la antigua China. Conoceremos algunas de las obras más famosas que se escribieron durante esta época y cómo estas obras influyeron en la gente durante generaciones.

431. **China tiene una rica historia literaria que se remonta a miles de años antes de la dinastía Han** (206 a. C.-221 d. C.).

432. **Una de las primeras obras de China fue el *Libro de las canciones*** (Shi Jing), que data del siglo XI a. C.

433. **Antes de la dinastía Han, se escribía principalmente sobre tiras de bambú y seda.** Las tiras de bambú se ataban con cuerdas para formar documentos o libros. La seda también se utilizaba como material de escritura, especialmente para textos importantes. La escritura en tiras de bambú y seda se realizaba normalmente con pincel y tinta.

434. **Los *Cantos de Chu*, una colección de poemas del periodo de los Estados Combatientes,** explora muchos temas, incluyendo la pérdida de la patria Chu, el poder de la naturaleza, la condición humana y la importancia de la música y la poesía.

435. **El *Clásico de la poesía*, también conocido como el *Libro de las odas*, es una colección de 305 poemas de la dinastía Zhou (1050-256 a. C.).**

436. **La poesía fue muy popular durante este periodo**, y se escribieron muchos poemas sobre el amor, la naturaleza y la política.

437. **Los *Trescientos poemas Tang* es una colección de poemas de la dinastía Tang** (618-907 d. C.). Los poemas abarcan una amplia gama de estilos, incluyendo el lírico, el narrativo y el filosófico, y reflejan los aspectos sociales, culturales y políticos de la dinastía Tang.

438. **Una famosa novela china del siglo XIV es el *Romance de los tres reinos*,** que narra la historia de los tres reinos que lucharon por el control de China durante la dinastía Han Oriental.

439. El confucianismo era popular y se escribieron muchos libros sobre él, como las *Analectas de Confucio*.

440. El taoísmo era popular en la literatura china durante la dinastía Tang, y los escritos de Laozi eran muy leídos.

441. Uno de los libros chinos más populares e influyentes de la actualidad es *Viaje al Oeste*. Escrito por Wu Cheng'en durante la dinastía Ming, narra la fantástica aventura del Rey Mono, Sun Wukong, cuando acompaña al monje budista Xuanzang en un viaje para recuperar las escrituras budistas de la India. Aunque fue escrito a finales del siglo XVI, el libro transcurre en el siglo VII.

442. Los antiguos escritores chinos utilizaban metáforas al escribir poesía o relatos. A menudo utilizaban elementos de la naturaleza, como pájaros, ríos y montañas.

443. La literatura china también incluye obras como *El pabellón de las peonías*, escrita en la dinastía Ming, pero ambientada en la dinastía Tang, que cuenta una historia romántica sobre el amor y la muerte en la cultura tradicional china.

444. Se escribieron muchos libros sobre historia, como *Registros del gran historiador*, de Sima Qian, durante la dinastía Han, que contiene información sobre la antigua China desde el año 2000 a. C. hasta el 100 a. C.

445. Li Bai, también conocido como Li Po, está considerado uno de los poetas chinos más destacados. Vivió durante la dinastía Tang y es famoso por su poesía lírica y expresiva. Las obras de Li Bai a menudo celebran la naturaleza, expresan sus emociones y describen las alegrías y las penas de la vida.

446. Uno de sus poemas más famosos es *Pensamiento de noche tranquila* («Jing Ye Si»), que expresa los pensamientos y reflexiones del poeta durante una noche apacible.

447. El *Arte de la guerra* de Sun Tzu es un antiguo texto militar que se ha utilizado durante siglos para enseñar estrategia y táctica sobre cómo ganar batallas.

448. Un famoso poema de amor de los Chu se llama *El lamento del emperador de Oriente*. **El poema comienza con el Emperador del Oriente**, un dios del cielo y del sol, lamentando la pérdida de su amor, una diosa llamada Xi Wang Mu. Xi Wang Mu es la reina de los inmortales y se dice que vive en un palacio del monte Kunlun. El Emperador de Oriente, desconsolado por su pérdida, canta una canción de anhelo y desesperación.

449. Otro poema se titula «La diosa del río Luo», que trata del amor que un hombre siente por una diosa y la desesperación de saber que nunca podrá estar con ella.

450. Varios poemas están recogidos en los *Nueve cantos*, que incluyen algunos de los primeros y más bellos poemas de amor de la literatura china.

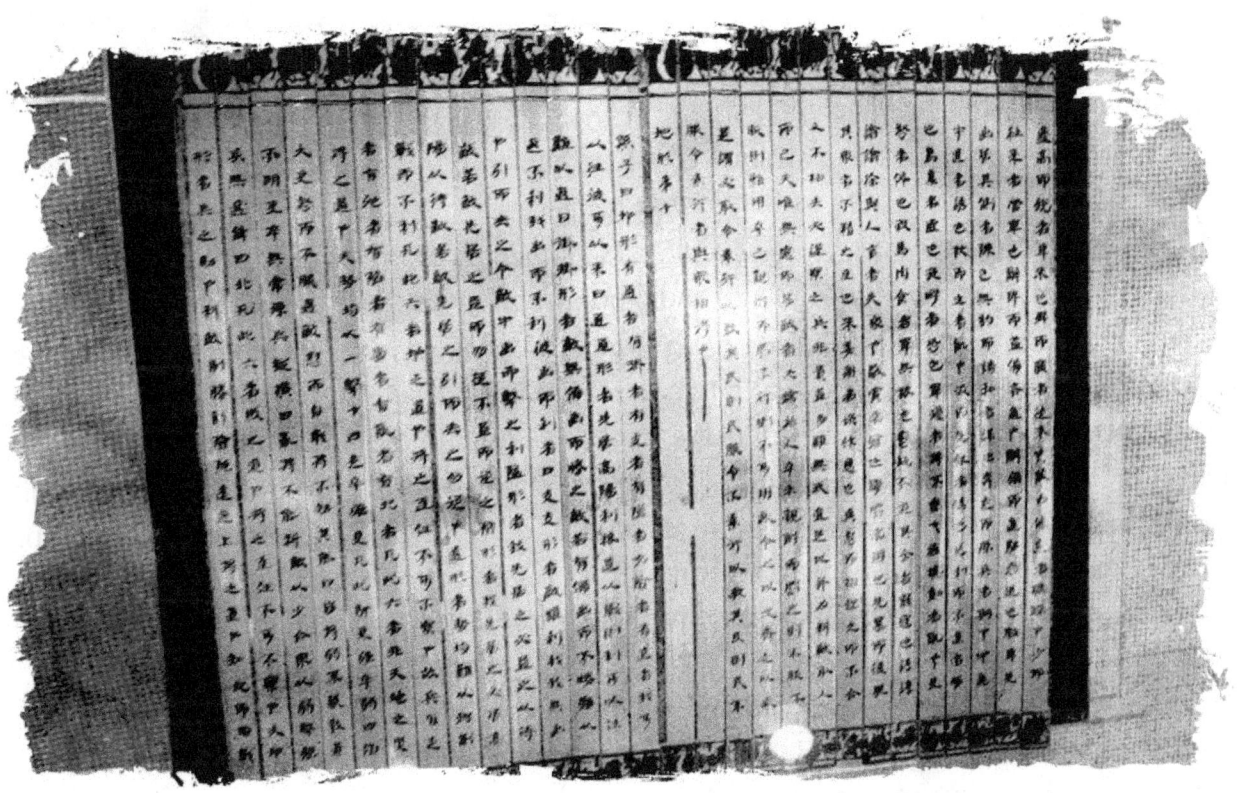

Arte chino

En este capítulo echaremos un vistazo al bello y expresivo arte que floreció en la antigua China. Descubramos qué influyó en sus obras y los medios más destacados que se utilizaron

451. **Gran parte del arte chino antiguo se creó para mostrar el respeto a la naturaleza, los dioses y los emperadores.**

452. **Muchas obras de arte de la antigua China se hacían con materiales de bronce o jade** porque se creía que eran regalos especiales del cielo.

453. **Los antiguos artistas chinos a menudo utilizaban colores brillantes, como el rojo, el amarillo y el verde**, en sus pinturas, ya que representaban la felicidad y la riqueza.

454. **La cerámica era muy popular en esta época**, y se presentaba en muchas formas y tamaños. Desde la delicada porcelana hasta la robusta loza, la cerámica servía tanto para fines funcionales como decorativos en la antigua sociedad china.

455. **Muchas esculturas de la antigua China se hacían para honrar a los dioses** o mostrar acontecimientos importantes de la historia.

456. **La antigua cerámica china es valorada por coleccionistas de todo el mundo.** En 2018, un jarrón de la dinastía Han se vendió por ¡treinta y seis millones de dólares!

457. **El estandarte de seda pintada de la tumba de *Mawangdui* está considerado uno de los mejores ejemplos del arte de la dinastía Han.** Se trata de una gran pieza de seda que se encontró en la tumba de Lady Dai, una mujer rica que murió en el año 168 a. C.

458. **Los chinos utilizaban la laca para proteger la madera y proporcionarle un brillo asombroso.** Es un material transparente y duradero con el que se pueden recubrir diversos objetos, como muebles, instrumentos musicales y esculturas. En los hogares ricos, los objetos de madera lacada solían llevar incrustaciones de conchas o grabados pintados.

459. **Los dragones representan diferentes cosas en China, antes y ahora.** Los colores suelen indicar las cualidades del dragón. Por ejemplo, el rojo significa poder y buena suerte. Era el color que representaba al emperador y al sol.

460. **Tradicionalmente, los dragones se representan con uno de cinco colores.** Los dragones de cinco colores (rojo, verde, azul, blanco y negro) se asocian con los cinco elementos: fuego, tierra, metal, madera y agua.

Cocina china

Uno de los aspectos más famosos de la cultura china es su cocina. A la variedad de estilos culinarios chinos y paletas de sabores de China se han sumado otras naciones y culturas, así como las numerosas comunidades chinas fuera de la propia China. He aquí algunas de las raíces de la cocina china.

461. **La antigua cocina china es una de las más antiguas y diversas del mundo.** Ha recibido influencias de diversas culturas, como la mongola, la tibetana y la japonesa.

462. **Los primeros indicios de la cocina china se remontan al Neolítico** (7000-1700 a. C.). En esta época, la gente cocinaba los alimentos al fuego o en hornos de barro.

463. **Los primeros registros escritos de la cocina china se remontan a la dinastía Zhou.** Estos registros mencionan una variedad de platos, incluyendo sopas y albóndigas.

464. **Durante la dinastía Han, la cocina china comenzó a desarrollar su perfil de sabor único.** Esto se debió a la introducción de nuevos ingredientes, como la salsa de soja, el jengibre y el ajo.

465. **El wok se desarrolló durante la dinastía Han.** Los woks de metal no aparecieron hasta mucho más tarde, durante la dinastía Ming. El wok empezó a utilizarse para saltear durante la dinastía Ming.

466. **La dinastía Tang fue la edad de oro de la cocina china.** Esto se debió al florecimiento del comercio y a la introducción de nuevos ingredientes procedentes de Asia central.

467. **La dinastía Song fue testigo del desarrollo de nuevas técnicas culinarias**, como la fritura y el salteado. Esto se debió a la invención del wok, un recipiente versátil para cocinar.

468. **En la dinastía Yuan se introdujeron nuevos ingredientes procedentes de Medio Oriente,** como el cordero y el comino.

469. **En la dinastía Qing se introdujeron nuevos ingredientes procedentes de Europa,** como las papas y los tomates.

470. **La diáspora china ha contribuido a difundir la cocina china por todo el mundo.** Hoy en día, la cocina china es una de las más populares del mundo.

Entretenimiento chino

El mundo actual es cada día más pequeño en el sentido de que la información sobre otras culturas y partes del mundo es fácilmente accesible. **Las películas chinas son cada vez más populares desde las décadas de 1960 y 1970.** Acróbatas chinos, demostraciones de artes marciales e incluso compañías de ópera china recorren hoy el mundo. Echemos un vistazo a dónde empezó todo.

471. **Los primeros indicios de entretenimiento en la antigua China se remontan al neolítico,** cuando la gente jugaba y bailaba alrededor de hogueras.

472. **La música y la danza eran una parte importante de los rituales chinos,** pero la gente también disfrutaba de ellas de una manera más secular.

473. **Uno de los instrumentos más populares en la antigua China era el *guzheng*,** una cítara punteada.

474. **El teatro chino se remonta a la dinastía Shang.** Los huesos de oráculo contienen información sobre las danzas chamánicas de la lluvia.

475. **Durante la dinastía Zhou, el entretenimiento chino se hizo más sofisticado con el desarrollo de nuevas formas de música, danza y teatro.**

476. **El teatro de sombras comenzó durante la dinastía Han,** aunque se haría mucho más popular durante la dinastía Tang.

477. **Las acrobacias chinas datan de alrededor del año 475 a. C.** Esta forma de arte ha cambiado mucho a lo largo de los siglos y todavía hoy la disfrutan personas de todo el mundo.

478. **La ópera china se remonta a la antigüedad,** pero no alcanzó su apogeo hasta la dinastía Song.

479. **La ópera de Pekín, que surgió a mediados del siglo XVI,** es la forma más popular de ópera china en la actualidad.

480. **El antiguo entretenimiento chino ha influido en las formas modernas de entretenimiento, como el cine y la televisión chinos,** e incluso en las formas occidentales de entretenimiento, como las películas de Hollywood.

La antigua religión china

Esta sección explorará los fascinantes aspectos de la antigua religión china. Vamos a echar un vistazo a las diferentes formas de religión que fueron prominentes durante este tiempo y algunas de sus prácticas más comunes.

481. **La religión de la antigua China se basaba en la idea de que los seres humanos y la naturaleza estaban conectados.** En otras palabras, creían en un tipo de animismo. El animismo es un sistema de creencias que atribuye cualidades espirituales o divinas a entidades o fenómenos no humanos, incluyendo animales, plantas, elementos naturales y objetos.

482. **La gente adoraba a sus antepasados, creyendo que sus espíritus podían ayudarles en los acontecimientos de la vida cotidiana**, como la salud o el éxito en los negocios.

483. **Los antiguos chinos creían en muchos dioses, entre ellos el legendario Emperador de Jade,** considerado el soberano del cielo y de la tierra.

484. **Los antiguos chinos utilizaban la adivinación para intentar predecir cosas como los patrones climáticos o los acontecimientos futuros.** Para ello leían huesos de animales y utilizaban la astrología.

485. **Algunas prácticas religiosas durante este periodo incluían festivales en honor a los antepasados fallecidos, la ofrenda de sacrificios en santuarios** y ceremonias anuales dedicadas a dioses, como el dios de la cocina o la diosa del arroz para asegurar buenas cosechas.

486. **El dragón era** (y sigue siendo) **un importante animal/imagen religiosa y espiritual en las creencias espirituales chinas.**

487. **En la mayoría de las creencias populares tradicionales chinas, los dragones son vistos como protectores del pueblo y de la tierra**. También se dice que traen buena suerte y prosperidad.

488. **Muchos taoístas chinos, antes y ahora, creen que los dragones son la encarnación de la fuerza yang,** que representa el principio activo y masculino del universo. Los dragones también están asociados con el dios del cielo, y se dice que son capaces de controlar el clima y las estaciones.

489. **En la tradición budista china, los dragones son criaturas benévolas que protegen a Buda y sus enseñanzas**. También se dice que pueden conceder deseos y ayudar a las personas a alcanzar la iluminación.

490. **En las creencias religiosas tradicionales chinas, la tortuga es símbolo de longevidad y sabiduría.** Se dice que ha vivido miles de años y que ha acumulado una gran cantidad de conocimientos. El ave fénix es símbolo de belleza, gracia y renovación. Se dice que sólo aparece cuando hay paz y prosperidad en el mundo. El ave fénix también se asocia con el sol y con la diosa del fuego, Hou Tu.

La caída de la dinastía Han
(220 d. C.)

Esta sección explora la caída de una de las dinastías más largas de China, la dinastía Han. Esta dinastía (y sección) es también la que utilizamos para marcar el final de la antigua China. Exploremos algunos hechos sobre este trascendental acontecimiento de la historia china.

491. **La dinastía Han cayó principalmente a causa de una revuelta campesina contra el gobierno.**

492. **Algunas de las razones de la revuelta fueron los elevados impuestos,** los problemas de redistribución de la tierra, la corrupción y la explotación por parte de los funcionarios locales, y los desastres naturales que provocaron hambrunas y penurias.

493. **Estos agravios se acumularon con el tiempo y acabaron desencadenando levantamientos generalizados** que contribuyeron a la caída de la dinastía.

494. **El último emperador Han fue el emperador Xian (Liu Xie), que reinó de 189 a 220 de la era cristiana.** Fue un emperador títere bajo el control de varios señores de la guerra.

495. **Tras la caída de los Han, surgieron tres reinos chinos separados: Wei, Shu y Wu.**

496. **Estos tres reinos lucharon por el poder en todo el país hasta que China** se unificó de nuevo bajo la dinastía Jin.

497. **Aunque la dinastía Jin comenzó en 266 d. C., no unificó China hasta 280 cuando conquistó Wu Oriental.**

498. **También hubo muchas invasiones de estados no chinos como los *xiongnu* (hunos) y los tibetanos,** así como luchas políticas dentro de cada reino que debilitaron su dominio sobre toda China.

499. **El general y político Cao Cao (155-220 d. C.) consiguió reunir un gran poder y preservar durante un tiempo la dinastía Han Oriental** en el norte de China. También consiguió restablecer el orden público durante un tiempo. Sin embargo, fue derrotado por los líderes de Shu y Wu en 220.

500. **La mayoría de los habitantes de China pertenecen a la etnia Han.** El nombre proviene de la famosa dinastía de larga duración.

Conclusión

Las páginas de este libro han mostrado el increíble impacto de la antigua China. Hemos visto el auge y la caída de imperios y dinastías y observado los avances en **arte, literatura, tecnología y religión.** Hemos visto cómo cada nueva dinastía se basaba en los progresos realizados por sus predecesoras hasta llegar a una sociedad increíblemente avanzada durante la dinastía Han.

Seguimos de cerca la evolución de la **cultura china** desde las primitivas sociedades de cazadores-recolectores hasta las complejas sociedades agrícolas. En **el periodo de los Estados Combatientes** empezaron a surgir algunas de las primeras filosofías chinas, que siguen siendo influyentes hoy en día. **Tras siglos de agitación, la dinastía Qin unificó por fin a China bajo un solo gobierno**, pero fue sustituida por la poderosa dinastía Han, que mejoró aún más las cosas antes de derrumbarse por presiones internas en el año 220 de la era cristiana.

Este libro nos recuerda que el progreso humano es un proceso en constante evolución en el que el conocimiento se construye sobre sí mismo para crear algo mejor que lo anterior. La **antigua China** es uno de los mejores ejemplos de este fenómeno.

Fuentes y referencias adicionales

1. La prehistoria en la antigua China». Encyclopedia Britannica, Encyclopedia Britannica, Inc., 14 de mayo de 2014, https://www.britannica.com/place/China#ref1086131.

2. Smith, Jane. «6 Antiguos inventos chinos que cambiaron el mundo». Enciclopedia de Historia Antigua, 11 de septiembre de 2018.

3. Benton, Jane. «Seda: Historia, producción y usos». Encyclopedia Britannica, Encyclopedia Britannica, Inc., 6 de junio de 2018, www.britannica.com/technology/silk.

4. La religión en la antigua China». Enciclopedia de Historia Antigua, Enciclopedia de Historia Antigua, 21 de junio de 2016.

5. Mitos y leyendas de la antigua China». Enciclopedia de Historia Antigua, Enciclopedia de Historia Antigua, 20 nov. 2019.

6. Cultura de Longshan». Encyclopedia Britannica, Encyclopedia Britannica, Inc., 23 de julio de 2018, www.britannica.com/topic/Longshan-culture .

7. La dinastía Shang». Enciclopedia de Historia Antigua, Enciclopedia de Historia Antigua, 8 mayo 2018, www.ancient.eu/Shang_Dynasty/.

8. La ruta de la seda». The Metropolitan Museum of Art, El Museo Metropolitano de Arte, www.metmuseum.org/toah/hd/silk/hd_silk.htm

9. Dinastía Xia (2100-1600 a. C.)». Enciclopedia de Historia Antigua, 8 de febrero de 2019, www.ancient.eu/Xia_Dynasty/.

10. Rey Wu Ding. Enciclopedia de Historia Antigua, www.ancient.eu/king_wu_ding/.

11. Sun Tzu. El arte de la guerra. Oxford University Press 2011.

12. Edward L. Shaughnessy, ed., The Cambridge History of Ancient China: From the Origins of Civilization to 221 BC (Cambridge University Press, 1999).

13. Wilhelm, Richard. I Ching: The Book of Changes (La traducción de Richard Wilhelm). Princeton University Press, 1967.

14. Mark Edward Lewis, Los primeros imperios chinos: Qin and Han (Harvard University Press 2006).

Mira otro libro de la serie